KB211867

크리스천 인문학

Christian Humanities

한주(서상우) 지음

가나북스

크리스천
인문학
Christian
Humanities

2017년 01월 05일 초판 발행
지은이 한주(서상우)
펴낸이 배수현
디자인 유재헌
홍 보 배성령
제 작 송재호
펴낸곳 가나북스 www.gnbooks.co.kr
출판등록 제393-2009-12호
전 화 031-408-8811(代)
팩 스 031-501-8811
ISBN 979-11-86562-51-2(03190)

사랑에 빠지게 되면 그 대상에 대해 더 알고 싶어지는 법이다. 그 대상이 사람이든, 물건이든, 형상화되지 않은 무엇이든 말이다.

당신이 하나님을 만나고 하나님과 진정 사랑에 빠졌다면, 당신은 하나님에 대해 더 알고 싶고 더 가까이하고 싶은 마음이 들어야 정상이다. 사랑한다고 말하면서 그를 무관심으로 대하고, 더 돈독한 관계발전으로 나아가려 하지 않는다면 과연 그건 진정한 사랑이라고 할 수 있을까?

나는 그러는 중이다.

사랑하는 이에 대해 더 알고 싶은 마음에 그와 관련된 책을 찾아 읽었고, 더 돈독해지고 싶은 마음에 이 책을 집필했다.

나는 이제 당신이길 바란다.

나처럼 하나님에 대해 더 알고 싶어 하는 누군가가, 이 책으로 하나님과 더 가까워지는 이가 당신이길 바란다.

나는 이제 우리가 함께 함을 안다.

이 책을 통해 우리는 함께 하나님께로 나아갈 것임을 안다. 하나님에 대해 이야기하고, 글을 쓰고, 책을 남길 것임을. 그렇게 우리가 이제 함께 할 것임을 안다.

목차

기독교
인문학

기독교의 시작

　기독교는 예수 그리스도의 탄생에서부터 시작되었다. 역사상 그 어떤 종교도 기독교만큼의 영향력을 행사한 사상은 없었다. 2천여 년이 지나도록 세계 각지에서 위대한 업적을 기록한 종교는 기독교가 유일하다는 소리이다. 허나, 갈수록 이러한 영향력이 줄어들고 있는 추세라 언젠가 기독교 역시 역사의 뒤안길로 사라지는 건 아닌지 걱정이다.

　현재 어떠한 난국에 처해있다면 우리는 가장 먼저 과거부터 점검해야 함을 잘 알고 있다. 그리고 기독교 역시 지금의 이러한 추세를 극복하기 위해서는 기독교의 역사를 되돌아보고 해답을 찾아야 한다. 물론, 이 책에서 그 오랜 기독교의 역사에 대해 모두 이야기할 수는 없다. 더욱이 이 한 권의 책으로 감히 기독교의 역사를 논하기에는 감히 엄두가 나지도 않는 것도 사실이다. 그래서 이 책에서는 기독교의 역사 전체가 아닌 기독교가 시작된 사건에 대해서만 잠시 이야기 해볼까 한다.

1세기 중엽, 다소 출신의 바울은 예루살렘을 방문했다. 그가 예루살렘을 방문한 것은 십자가에 못 박혀 죽은 나사렛 예수의 추종자들과의 회의에 참석하기 위해서였다. 일명 '사도회의'라 불리는 회의에 말이다.

이 회의는 기독교 역사상 최초로 이루어진 정치적인 회의이자 행동이었다. 또한, 이 회의가 바로 기독교와 교회의 출발을 알리는 시발점이 되었다. 오늘날 남아있는 다양한 자료들 가운데 이 회의와 관련된 것으로 추정되는 자료는 두 개뿐인데, 그 중 하나는 '갈라디아서'이다. 이 서신은 사도회의가 있은 후 10여 년 뒤에 바울이 소아시아 지방에 있는 갈라디아 교인들에게 보낸 편지이다. 이 편지를 살펴보면 바울은 사도회의에 대한 내용을 직접 언급한 것을 확인할 수 있다.

또 다른 자료는 갈라디아서보다 조금 늦게 누가가 쓴 '사도행전'이다. 사도행전은 이 회의에 참석했던 목격자들의 진술뿐만 아니라, 그 이외의 다양하고 많은 정보를 담고 있다. 사도행전은 다소 공적인 성격의 문서라고 할 수 있는데 초대교회에서 일어난 논쟁들과, 또 이 논쟁들이 어떻게 해결되었는지를 잘 보여준다.

사도행전에서는 안디옥에서 일어난 논쟁에서부터 사도회의가 개최

된 것으로 기록하고 있다. 사도행전에서 말하는 논쟁이란, 예루살렘에서 온 누군가가 바울의 가르침을 노골적으로 비판하면서 시작된 것을 말하는데 그들은 기독교 개종자들도 유대인들처럼 할례를 받아야만 구원을 얻을 수 있다고 주장한 것이다. 생각보다 상황이 심각해지자 바울은 사도들과 함께 이 문제를 논의하기 위해 바나바를 비롯하여 안디옥에서 선교활동을 하던 동료들과 함께 예루살렘을 방문했다. 바울과 사도들이 예루살렘이 들어서자 맞이하는 사람들의 반응은 서로 달랐다. 교회와 사도들은 바울 일행을 환영했지만, 기독교로 개종한 바리새인들은 탐탁치 못해 하였다.

회의가 시작되자 바울 측과 예루살렘 사도들 측의 논쟁은 장시간 펼쳐졌다. 바리새파 출신 기독교인들은 유대인이나 이방인이나 할 것 없이 모두 할례를 받아야만 하고, 모세의 율법을 지켜야 한다고 주장을 꺾지 않았다. 회의는 바울을 지지하는 베드로의 연설, 바울과 바나바의 연설, 그리고 예수의 동생 야고보가 지금까지 논의한 것을 정리하는 순서로 이어졌다. 야고보는 하나의 타협안을 제출했는데 결국 이 타협안이 '전 교회의 합의'로 채택되면서 사도회의는 마침내 종결되었다.

바울과 일행들은 이방 신자들에게 보내는 편지를 가지고 예루살렘 측이 파견한 사절단과 함께 안디옥으로 돌아왔다. 그 편지에는 "기독교로 개종했다고 해서 누구나 할례를 받아야 할 필요는 없다. 허나, 음식 및 성적인 행위와 관련된 사안에서는 유대 율법을 준수하도록 한다"고 기재되어 있었다. 사도행전을 쓴 누가는 타협안이 만장일치로 가결되었고 안디옥의 교인들 또한 이러한 결정에 모두들 기뻐했다고 전하였다.

이것이 바로 사도행전에 기록되어 있는 교회의 첫 번째 공식 회의에 대한 내용이다. 사도행전에서 나타나는 사도회의의 모습은 평화를 지향하는 교회 일치적인 모습을 보여주고 있다. 그러나 바울이 쓴 갈라디아서에서는 사도행전의 기록과는 조금 다른 견해를 보여주고 있다.

바울의 갈라디아서는 목격자의 입장이 아닌 논쟁의 중심자 관점으로 기록을 남겼는데, 바울은 이 회의에서 다루고 있는 문제들이 심각하다고 여기고 있었다. 바울은 이 회의에서 문제점을 해결하기보다 적당히 무마하려한 것을 우려했고, 그는 '할례'가 어떤 식으로든 다시 문제가 될 것임을 깨닫고 있었다. 그래서 언젠가는 부딪혀야만 하는 문제라고 생각했다.

바울은 예루살렘 측과 정치적인 거래를 할 생각이 없었다. 그는 오로지 진리를 말하는 것에만 관심이 있었다. 사람들의 마음 속 진리가 불같이 타오르기만을 바라던 인물이었다.

바울이 죽고 100여 년 뒤에 쓴 것으로 추정되는 '바울행전'에서 말하는 바울의 외모는 큰 머리와 작은 키에 이마가 벗겨진 사람이라고 되어 있으며, 다리는 휘었으나 행동에는 기품이 있고 눈썹은 아주 촘촘하게 나 있고 큰 코를 가진 사람이라고 설명되어 있다. 바울 역시 스스로 자신의 외모가 볼품없으며 언변이 뛰어나거나 카리스마를 지닌 사람이 아니라고 말한 적이 있다.

하지만 바울이 쓴 편지들을 보면 그는 내면에서부터 카리스마가 풍겨져 나오는 인물임을 잘 알 수 있다. 진리를 위해 투쟁하고, 진리를 전파하는데 모험을 무릅쓸 만큼 열정이 가득한 인물이었다. 어쩌면 그런 그였기에 타협이라는 것을 납득할 수 없었을지도 모르겠다.

바울은 기독교 교리에 대해 타협했다는 언급은 단 한마디도 하지 않았다. 오히려 기독교로 개종한 사람들에게 할례를 강요하는 것은 몰래 들어온 거짓 신도들, 그리스도 예수 안에서 누리는 자유를 엿보려고 몰래 끼어 든 자들이 강요하는 짓이라고 불평했다.

그는 복음의 진리 위에서 결단했지만 그럼에도 이 문제를 종식시키지는 못했다. 예루살렘 교회를 재정적으로 지원해주고 있는 지도자들이 '거짓 신도들'의 입장에 반대하기로 약속했었지만 그들이 약속을 지키지 않았기 때문이었다.

이와 관련해 베드로가 바울을 실망시켰던 사건도 벌어졌는데, 훗날 안디옥에 온 베드로가 이방 기독교인들과 식사를 함께 하는 자리가 있었다. 그때 마침 야고보가 파송한 사람들이 와서 그 장면을 목격하게 되었는데, 이때 베드로가 할례 받은 사람들이 두려워 그 자리를 떠난 것이다. 이 일을 두고 바울이 베드로를 대면하여 잘못을 지적했다. 이 사건을 통해 바울은 문제가 끝난 것이 아니라 오히려 치열해지고 있음을 갈라디아서에 기록했다.

이처럼 바울은 이 상황의 긴박함과 두려워하고 있음을 편지에 남겼다. 그는 사도행전에 보도된 내용에 결코 동의하지 않았다. 이것은 그가 이 문제를 다른 측면에서, 더 근원적인 관점에서 바라보았기 때문이다. 누가가 보기에는 사도회의는 어느 교회에서나 흔히 일어날 수 있는 사소한 사건이었는지 모르겠지만, 바울은 이 일이 지금까지 일어난 문제들 중 가장 심각한 것이라 여긴 것이다.

바울은 스스로에게 두 개의 질문을 던졌다.

'예수 그리스도는 새로운 하나의 종교인가? 아니, 진정한 새로운 종교를 창시했는가?'

'그는 하나님인가? 인간인가?'

바울의 입장에서 보자면 기독교는 바로 여기에서부터 시작되었다고 봐도 과언이 아니다. 아니 바울의 이러한 질문이 없었다면 예수의 가르침은 유대교의 한 종파에 그치고 말았을 지도 모르겠다. 어찌됐건 바울의 이 물음에서부터 시작된 진리를 향한 믿음과 열정이 지금의 기독교가 될 수 있는 큰 역할을 한 것만은 부정할 수 없는 사실이다. 오랜 시간 많은 이들이 이 물음에 대한 답을 찾으려 했고, 그 답에서부터 진리를 찾았으니 말이다.

바울의 질문에서부터 기독교는 그 형태를 만들어가기 시작한다. 결집되고 해체되고 만들어지고 부서지면서 그 오랜 시간을 탄탄히 단단히 이어온 것이다. 그리고 그 과정에는 늘 믿음의 인물이, 열정의 인물들이 하나님의 말씀을 이어왔다. 그렇게 지금의 시대를 맞이한 것이다.

지금 당연하게 주어진 것들의 값어치를 잊고, 잃고 살아가고 있다면 그 시작을 한 번 돌아보자. 그 무엇도 아무런 희생 없이, 과정 없이 당연하게 내려온 것은 없다. 지금의 당연한 것을 위해 얼마나 많은 사람들이, 많은 시간들이, 많은 희생이 쓰여 졌는지를 알게 된다면 지금보다는 더 주어진 것들에 감사하고 소중함을 느끼게 될 테니 말이다.

신학이란 무엇인가?

"신학대에서 신학을 전공하고 있습니다."

요즘은 이런 말들을 흔히 한다. 신학대에 입학하는 것을 신기하게 보지도 않고, 전공이 신학이라는 것에 의문을 품지 않는다. 우리가 '신학'이라 하면 가장 먼저 떠올리게 되는 종교가 기독교인데, 아이러니하게도 성경에서는 신학이란 단어가 나오지 않는다. 신학이 기독교에서부터 시작되었다고 생각하는 사람들이 종종 있는데, 신학은 희랍 문화권에서부터 유래되었다. 플라톤 이전에는 희랍 신화와 그 신화에 등장하는 신들에 관한 연구를 신화학, 즉 '신학'이라 하였다. 그러나 이러한 신화에 등장하는 신들의 이야기가 신들 사이에서의 갈등과 질투, 성적

방종 등 신적인 존재의 이야기가 아닌 지극히 인간적인, 혹은 인간보다도 못한 부분들이 많이 있기 때문에 도덕적으로나 지성적으로나 신학으로 수용하기에는 무리가 있다.

신학은 플라톤으로 인해 개념이 바뀌기 시작했다. 플라톤은 처음으로 신학을 '이성을 통해 신적인 것을 여러 관점으로 서술'하는 의미로 사용하였다. 또한, 그의 제자 아리스토텔레스는 신학을 '신에 대한 로고스의 기능'으로써 비이성적인 신화 속에 감추어진 신에 대한 철학적 진리를 드러내는 것으로 이해하며, 철학 중에서의 철학, 제1철학이라 일컬어지는 형이상학은 영원불변의 실체인 신의 존재에 대한 인식을 다루는 학문이라고 말하기도 하였다.

이후 스토아학파 때부터는 신학을 3가지 개념으로 나눠 폭넓게 사용하기 시작하였다. 신화와 신들의 계보를 연구하는 신화학, 또는 신계보학을 다루는 것을 '신화적 신학'이라 하였고, 이성을 통해 자연을 탐구하여 신에 대한 인식에 이르는 형이상학 즉, 현대적 의미의 종교철학을 '자연 신학'이라 하였다. 그리고 국가가 공식적으로 행하는 신들에 관한 제의와 축제 및 황제를 신으로 경배하는 시민의 의무를 취급하는 논의들을 '정치 신학'이라 하였다.

기독교에서 신학이라는 용어를 현재의 기독교적인 개념으로 처음 사용한 것은 희랍 철학의 영향을 받은 알렉산드리아학파에 의해서인데, 알렉산드리아에는 최초의 신학교라 할 수 있는 세례자 문답학교를 세웠고, 오리겐과 클레멘트가 이를 운영했다. 켈수스 등의 희랍 철학자들은 기독교를 무식한 이방 천민들의 미신이라고 비난했는데, 이에 기독교야말로 다신론을 극복한 최고의 철학이자 철학 중의 철학임을 주장하기 위해 기독교가 믿는 전능하고 유일하신 하나님을 다루는 지식을 '신학'이라 칭하고, 기독교 신학은 희랍 신화가 아닌 희랍 철학에 가깝다고 주장하였다.

오리겐은 '하나님에 관한 기독교의 이해'를 신학이라 하고, 좁은 의미로는 신론을 지칭하는 용어로 사용하였다. 그는 '원리론' 4권을 저술하였는데, 이는 최초의 조직 신학 저서이다.

서양 철학사에도 지대한 영향을 미친 어거스틴은 신학을 신화, 자연, 정치 신학으로 구분한 스토아학파를 비판하며 합리적 신학이야말로 참된 신학이라 주장하는데, 그는 모든 학문을 '신(神)에 관한 학문'과 '인(人)에 관한 학문'으로 나누었다. 하나님에 관한 학문은 '신학', 언어와 역사, 지리, 천문학, 수학, 철학 등 인간에 관한 학문은 '인문학'이라고 구분한 것이다. 그리고 인에 관한 학문, 즉 인문학은 신학을 위한 준비 학문이라고 하였다.

이때부터 비로소 신학이 우리가 현재 정의 내리고 있는 기독교적인 의미로 자리매김을 하게 된 것이다. 어거스틴은 그의 저서인 '기독교 신앙론'에서 다음과 같이 정리하였다.

1) 성서에서 알 수 있는 교의적 진리 : 하나님, 삼위일체, 화육, 구원, 교회, 종말
2) 세 가지 윤리적 도덕적 진리 : 믿음, 소망, 사랑

3) 성서 주석의 근원 원칙들 : 수사학, 세속 문헌, 설교자의 철저한 준비

신학은 점차 기독교 신앙의 여러 주제를 개념적으로 설명하는 학문으로 사용하게 되었다. 허나 4세기에 접어들면서 예수 그리스도의 신성과 인성에 관한 양성론 논쟁과 함께 삼위일체론이 제기되면서 신학을 좁은 의미로는 신론과 삼위일체론으로, 넓은 의미로는 기독교 신앙전반에 관한 학문으로 이해하기 시작하였다.

근대에 들어서면서 신학은 그 영역을 더 넓혀 갔다. 종교개혁을 맞이하면서 성서를 성서 그 자체로 연구하고, 성서 연구에 역사적 방법을 광범위하게 도입하면서 '성서 신학'이라는 새로운 영역이 열린 것이다.

'성서 신학'이란 용어가 처음 사용된 건 18세기 후반 가블러로 인해서였다. 가블러는 1787년 독일 알트도르트 대학의 교수 취임 강연에서 처음으로 성서 신학과 교의 신학을 방법론적으로 구분하여 사용했다. 그는 성서 신학은 귀납적, 역사적, 기술적 접근 방법을 가져야 하지만, 교의 신학은 연역적, 철학적, 교훈적 접근 방법을 가져야 한다고 하였다.

가블러로 인해 처음 성서 신학이 등장하면서 성서 자체를 역사 비평적으로 연구하고 서술하는 길이 열리게 되면서 성서 신학은 자연스럽게 다시 구약성서 신학과 신약성서 신학으로 구분되었다. 이때부터 성서 66권에 대해 누가, 언제, 어디서, 무엇을, 어떻게, 왜 기록하였는지를 역사적으로 연구하기 시작하였다.

이후, 19세기에 등장한 자유 신학의 아버지인 슐라이어마허는 '신학 연구입문'에서 신학을 역사 신학, 교의 신학, 실천 신학으로 세 분야로 나눴다. 여기서 그는 성서 신학을 교회사와 함께 역사 신학으로 분류하였는데, 성서는 역사적 문서이기 때문에 성서를 연구하는 성서 신학은 역사 신학으로 분류하는 것이 옳다고 본 것이다.

그는 모든 신학의 분야들은 넓은 의미에서 보면 '기독교 신앙'에 포함되는 것이라 하였다. 특정 시대의 교회에서 통용되는 '교의 신학'과 기독교적 경건한 신앙을 이론적으로 서술하는 '기독교 신앙론'으로 구분하고, 자신의 저서인 '기독교 신앙론'을 통해 구체적으로 이를 제시했다.

"신학은 그저 신에 관한 교의의 학문인 것만이 아니라, 기독교 신앙 전체에 관한 학문이기 때문에 신학(神學)은 좁은 의미에서는 '신론'이라 볼 수 있지만, 넓은 의미에서 보면 신앙론, 즉 '신학(信學)'인 것이다."

20세기에 접어들면서 칼 바르트는 신학을 인간이 신에 대해 기재한 '신에 관한 말'이 아니라, 성서에 담긴 '신의 말씀' 즉, '하나님의 말씀'을 다루는 학문이라고 하였다. 칼 바르트는 교회가 성서의 기록된 말씀을 계시의 말씀으로 바르게 선포하고 있는지를 검증하는 것이 신학의 가장 중요한 과제라고 강조하였다.

현대에 와서 신학은 크게 두 줄기로 나누어진다. 하나는 정통주의를 지향하는 신학으로 신앙에 관한 바른 교리를 수립하는 것이 신학의 과제라고 주장하며 그 목표를 '복음화'에 두고 있는 것이고, 또 다른 하나는 정행주의를 지향하는 정치 신학이나 해방 신학과 같은 제3세계의 신학으로 바른 신앙의 실천을 신학의 과제로 강조하며 그 목표를 '인간화'에 두고 있는 것이다.

허나, 분명히 알아야 할 것은 신학에 있어 가장 주의해야 할 것은 결코 이론만이 존재해서는 안 된다는 것이다. 신학에 이론만이 있고 행함이 없다면 그것은 공허한 학문이 되며, 반대로 실천만을 강조하고 이론을 무시하게 된다면 맹목적인 학문이 되고 만다. 바른 이치와 옳은 실천이 조화를 이루어야만 바른 영성을 이끌어낼 수 있는 것이다. 이는 닭이 먼저냐, 달걀이 먼저냐의 문제와도 같다. 무엇이 우선이냐가 중요한 것이 아니라 양자 모두 함께 쌓아 나아가야할 지향점인 것이다.

신학에 대한 정의는 지금껏 흘러온 시대와 시간만큼, 또 그만큼 많아진 신학자들의 수만큼 그 정의가 다양하고 다채롭다. 신학은 각자 자기 나름대로의 정의를 내릴 수 있는 것이기 때문에 신학이라고 해서 딱 이런 것이라고 정의내기에는 어려움이 많다. 그러나 어쩌면 신학이란 이들이 말한 모든 정의를 포괄한 것이지 않을까 싶다. 그렇게 자신이 발견하고 깨달은 무언가를 논쟁하고 주장하면서 그 속에서 또한 무언가를 배워나갈 수 있도록 하는 학문이 바로 신학이지 않을까 나름 생각해본다.

사실 신학이란 단어의 정확한 뜻은 우리에게 중요하지 않다. 중요한 것은 신학이란 이름으로 얼마나 더 하나님께로 나아가려고 하는지, 더 다가가려 하는 지이니 말이다. 배우려 하는 것에는 사랑이 내포되어 있는 법이다. 하나님이 사랑이시듯 우리도 사랑으로 하나님을 더 알려하고 진실로 다가가려 하는 자세, 그것이 최우선이고 최선이어야 할 자세임을 우리는 이미 알고 있음이다.

종교개혁과 사상가들

위대한 기독교의 역사에 대해 이야기하자면 빼놓을 수 없는 인물들이 많이 있다. 시대별로 이러한 인물들이 자신의 삶을 통해 하나님의 위대함을 세상에 알려왔다. 그 덕에 보다 많은 사람들이 하나님을 만나게 되었고, 죄를 용서받게 되었다.

이번 장에서는 이들 몇몇을 만나보려 한다. 위대한 그리스도교의 사상가들을 말이다.

■ 바울

앞에서 기독교가 바울의 질문에서부터 시작되었다고 말했는데 바울은 유대인과 크리스천, 모두에게 수많은 논쟁을 불러일으킨 인물이었다. 지금까지도 유대인 중에서는 그를 유대교를 배반한 배교자로 간주하는 사람도 있으며, 크리스천 중에서는 그를 베드로와 같이 반열의 사도로 간주하고 있는 사람도 있을 만큼 그에 대한 평가는 제 각각이다.

이렇게 바울은 언제나 논란의 대상이다. 유대인들에게는 그가 진정 유대교의 신앙을 저버렸는지가, 크리스천에게는 그가 예수님을 올바르게 이해하였는지, 아니면 왜곡시켰는지 이에 대한 논란의 대상이 되고 있는 것이다.

바울은 원래 그리스도인들을 박해하던 인물이었다. 그러던 그가 오히려 그리스도의 복음을 선포하는 일에 앞장서는 인물이 된 것이다. 그리스도의 복음을 전파하는 일에 발 벗고 나서기 시작하자 박해를 하던 바울은 이제 박해를 받는 대상이 되었다. 그는 유대 당국과 선동적인 유대인들로부터 온갖 비난과 박해를 받았는데, 이러한 시련에도 불구하고 그가 사도로서 확신과 소신을 잊지 않고 소망과 기쁨을 잃지 않았다는 것만으로도 그는 존경받아 마땅한 인물임은 틀림없다. 지금까지도 왜 그리스도를 박해하던 바울이 오히려 그리스도의 복음을 전파하며 앞장서기 시작했는지 그 이유는 정확히 알지 못하지만, 그러한 논란은 뒤로 하고 그가 신학에 남긴 공로만을 본다면 그를 인정하지 않을 수는 없는 것이다.

바울은 이방인들을 대상으로 한 선교활동에 지대한 영향을 미쳤다. 물론 이방인에 대한 선교활동은 바울 이전부터도 존재했지만, 바울이 진취적으로 주요 산업, 행정 도시들을 기점으로 하여 광범위한 조직망을 형성하고, 시리아, 소아시아, 마게도니아, 그리이스, 심지어 일루리아 지방에서까지 조직적인 선교 사역을 해왔기에 이후 헬레니즘 세계에서 선교가 큰 성공을 거둘 수 있었다. 쉽게 말하자면, 주로 유대인들을 대상으로만 복음을 전파하던 분위기에서 곳곳에서 배척과 박해를 받던 한 인물의 사역으로 인해 유대인 이외의 사람들에게도 복음을 전파할 수 있게 된 것이다. 이 일은 패러다임 전환의 결정적인 역할을 하게 되었고, 이후 끝까지 자신의 주장을 관철시켜 이방인들도 율법 규정을 지키지 않고도 하나님을 영접할 수 있도록 하였다. 사실상 이방인들도 유대인이 되지 않고서도 얼마든지 그리스도인이 될 수 있게 된 것이었다.

바울을 성인이라고 볼 수는 없지만, 그는 투철한 영성을 가진 자로 그리스도교를 널리 알린 위대한 사상가 중 한 명이었다. 그는 평생 쉬지 않는 일하는 사제였으며, 사역에 종사하는 선교의 선구자였다. 그는 언제나 예수 그리스도의 뜻에 미치지 못하는 자신을 개탄하면서도 결코 절망하거나 포기하지는 않았다. 오직 자신의 직분에 따라 나아갈 뿐이었다.

■ 마틴 루터

종교개혁과 사상가들에 대해서 말을 하자면 마틴 루터를 빼놓을 수가 없다. 그는 시대가 필요로 하던 인물이었다. 루터가 종교개혁을 추진하려던 시대는 정리되지 않은 아수라장 같은 분위기였기 때문이다.

교황권은 쇠퇴했으며, 동, 서방 교회는 분열되었다. 또한, 아비뇽과 로마와 피사에서 두 명 혹은 세 명의 교황이 난립했다. 교회와 지도자, 그리고 평신도들의 개혁을 위한 수차례의 공의회 역시 모두 수포로 돌아가고 말았다.

사회의 전반적인 분위기도 어지러웠다. 자연 경제에서부터 화폐 경제로 변화되면서 사회, 경제 모두 혼란스러웠다. 무엇보다 로마 교황청 체제의 절대적인 중앙집권체제와 비도덕성이 극에 달했으며, 무분별한 재정정책과 개혁에 대한 반발이 심해져갔다. 교회 체제 역시 타락하여 노숙자들은 늘어가고 있었지만 교회 축제는 빈번했다. 이처럼 패러다임의 전환을 위한 명분은 충분했던 것이다. 시대가 개혁을 원하고 있었고, 개혁을 주도할 수 있는 인물을 필요로 하고 있었다. 그리고 그 시기에 맞춰 루터가 등장한 것이다.

루터는 1483년 11월 10일, 투링기아의 아이슬레벤에서 태어났다. 그는 한 사람의 수도사이자 신학 박사로서 처음부터 자기 자신을 예언자적인 인물로 생각한 것은 아니었다. 하지만 그 자신의 직관과 영감을 통해 결국 중세 말기 엄청난 종교 개혁을 이루어냈다.

루터는 종교개혁을 일군 위대한 사상가 중 한 명이지만, 동시에 스스로 깊은 신앙심을 가진 신학자였다. 그는 성서가 증언하고 있고 바울에 의해 증명된 예수 그리스도의 복음으로 되돌아가자고 강력히 요구했다.

1. 오직 성경으로만(sola scriptura)

각종 전통과 교회법과 교권이 아닌 '성서'를 최상의 위치에 두자하였다.

2. 오직 그리스도로만(solus Christus)

수천, 수만의 성자들 대신 그리스도를 최우선시 여기자 하였다.

3. 오직 은총으로만(sola gratia), 오직 믿음으로만(sola fide)

영혼을 구원받기 위한 모든 종교적인 행위들 대신, 은총과 믿음을 가장 중요시 여겼다.

이러한 한 수도자의 양심에서 발생된 신앙은 복음의 정신에 따라 교회를 개혁하고 일반 대중들을 고취시키는 원동력이 된 것이다.

그의 신앙과 사상은 '그리스도인의 자유(The Freedom of a Christian)'이라는 그의 글을 통해서도 잘 알 수 있다.

"따라서 우리는 그리스도인의 삶이란 스스로의 삶이 아니라 그리스도와 이웃들안에서 이루어지는 삶이라고 결론짓는다. 그렇지 않은 삶은 결코 그리스도인의 삶이 될 수 없다. 그리스도인은 믿음을 통해 그리스도 안에서, 그리고 사랑을 통해 이웃들 안에서 살아간다. 또한, 믿음에 의해 자기 자신을 초월하여 하나님께로 나아가며, 사랑에 의해 자기 자신을 낮추어 이웃들에게로 다가간다. 그러니 항상 하나님과 그분의 사랑 안에 머물러 있다. 그것이야말로 영적이고 진정한 자유이며, 우리의 마음을 모든 죄와 율법과 계명으로부터 자유롭게 해주는 것이다. 그것은 마치 천국이 지상보다 탁월하듯이, 다른 어떠한 외적인 자유보다 탁월하다. 그리스도께서 우리에게 그것을 이해할 수 있는 자유와 지켜나갈 수 있는 자유를 주시기를 기원한다."

■ 슐라이어마허

오늘날 자유주의 신학이 이러저러한 비판을 받고 있는 것은 사실이지만, 현대 신학에 막대한 영향을 끼쳤다는 것은 누구도 부정할 수 없다. 특히, 자유주의 신학의 시작을 열었던 슐라이어마허는 신학 역사에서 빼놓을 수 없는 인물 중 한 명이다.

"근대 신학의 역사에서 슐라이어마허가 차지하는 위치는 가히 최고봉이라고 할 수 있으며, 앞으로도 그만한 신학자는 나타나기 어려울 것이다."

슐라이어마허를 비판하고 끌어내렸던 어느 신학자가 한 말이다. 또한, 자유주의 신학의 가장 강력한 비판자인 바르트조차 슐라이어마허를 '영웅'이라 부르며 현대 신학자들 중에서 슐라이어마허의 영향을 받지 않은 사람은 없다고 말하였다.

19세기, 그리스도교는 위기를 맞는다. 근대 학문의 비약적인 발전은 그리스도교 신앙의 종래 믿음에 끊임없이 도전해왔고, 사람들은 이성을 신뢰하는 시대적 풍토 속에서 신앙을 점차 미신적인 것으로 여기며 배척하기 시작했다. 슐라이어마허는 바로 이런 시대를 살면서 '근대인들이 어떻게 그리스도교 신앙을 받아들일 수 있을 것인가?'라는 주제에 대해 고심했던 인물이었다. 그리고 그는 이 질문에 대한 답을 인간의 '감정'에서 찾았다.

그는 자신의 저서인 '종교론'을 통해 그리스도교 신앙을 비롯해 여러 종교들이 근대인들에게서 어떤 의미를 지닐 수 있는 지를 설명했다. 그는 자신의 책을 통해 근대인들은 '신'을 인간 밖에서 찾는 것이 아니라 인간 안에서 찾아야 한다고 역설했다. 그리고 인간이 자신 안의 신을 발견할 수 있는 그 근거로 '감정'을 꼽았다.

인간에게 있어 '감정', 즉 '느낌'은 인간 정신의 가장 깊은 기능인데 여기에는 이성적으로 아는 것으로는 결코 도달할 수 없는 정신의 신비가 감추어져 있다고 했다. 슐라이어마허는 인간이 이러한 감정을 통해 세상을 직관적으로 이해하고 무한자에 대해 떠올리는 활동을 '종교'라 하면서 종교의 의의가 인간 밖에 있는 신적 존재를 객관적으로 설명하는 데 있지 않다고 보았다. 그의 모든 활동과 영적인 기초는 새롭게 확장된 인간성에 있었던 것이다.

그는 자신의 신념을 다음과 같이 요약, 제시하기도 했다.

1. 나는 남성과 여성이 구별되기 이전부터 존재했던 인간의 무한함을 믿는다.

2. 나는 평온하고 순종하는 삶을 위해서가 아니라, 존재 그 자체와 좀 더 나은 존재로의 변화를 위해서 살고 있다고 믿는다. 나는 무한으로의 접근을 위해서, 그리고 그릇된 편견과 자제력의 한계를 극복함에 있어서 의지와 교육의 힘을 믿는다.

3. 나는 인간의 열정과 미덕, 예술의 가치와 과학의 유용성, 인간들 사이의 우정과 조국에 대한 사랑, 그리고 과거의 위대하모가 미래의 고상함을 믿는다.

그는 자신의 기획력과 조직력으로 상당수의 프러시아 학교에 영향을 미치기도 했으며, 베를린 대학 및 베를린 과학 아카데미 설립에 있어서도 결정적인 역할을 했다. 결국 그는 신학자로서 뿐만 아니라 근대인의 삶 속에서 자연스럽게 중심부 역할을 해나간 것이다.

슐라이어마허는 종교의 정신에 가장 접근하기 쉬운 방법은 인간을 더욱 인간답게 만드는 것이라 하였다. 그가 온갖 비판에도 불구하고 그리스도교의 계몽주의 질문에 이러한 건설적이고 획기적인 해답을 제시했다는 것은 박수 받아 마땅하다. 그의 옳고 그름을 떠나 그가 제시한 답으로 그리스도교가 더 발전할 수 있게 된 것은 분명하기 때문이다.

그를 가장 부정했던 칼 바르트는 슐라이어마허가 세상을 떠나고 나고 그의 저서인 '교회 교의학'에서 슐라이어마허에 관해 이렇게 서술했다.

"우리는 신학의 역사에 극히 드물게 등장하는 한 영웅을 알아야 한다. 이 인물에게서 발산된 광채를 보지 못한 사람들은 다른 더 훌륭한 길을 찾아 나설 수도 있다. 하지만 그런 사람들은 그를 비판할 자격이 없다. 지금 여기서 사랑해보지 못한 사람은 여기서 증오할 자격도 가지지 못한다."

저마다의 평가가 다르고 생각의 차이도 있겠지만, 이러한 사상가들이 있었기에 지금의 신학이 구축될 수 있었음은 부정할 수 없다. 그들은 모두가 훌륭한 사상가였으며 위대한 하나님의 자녀였다. 그리고 이제 우리는 그들의 가르침을 발판삼아 더욱 훌륭한 사상과 신앙을 전파해야 할 것이다. 그것이 우리가 기본적으로 띄고 있는 사명이자 미션일 테니 말이다.

교회
인문학

교회의 의미

　우리가 주일마다 예배를 드리기 위해 가는 교회는 크게 세 가지의 의미로 그 개념을 나눠볼 수 있다. 가장 먼저 구약의 성막이나 성전처럼 예배당이나 성당과 같은 '장소로서의 의미'와 신자들의 공동체라는 '회중 개념'의 의미로도 볼 수 있다. 그리고 마지막으로 최초의 교회가 오순절 사건을 통해 형성되었기 때문에 '사건의 개념'으로도 교회를 바라볼 수 있다.

1. 장소로서의 교회

교회의 첫 번째 의미로 구약의 성전을 대체하는 하나님의 집, 성소의 의미로 장소적 의미를 먼저 들 수 있다. 신약성서에는 교회라는 단어가 총 112회 등장한다. 이 중 장소의 의미로 쓰인 경우가 결코 적지 않은데, 교회를 장소적 의미로 쓰인 사례를 다시 분류해보면 '가정 교회'와 '지역 교회', '온 교회' 세 가지로 구분 지을 수 있다.

신약성서에서 말하는 가정 교회는 '작은 무리들이 모인 예배처'란 의미이다. 이 가정 교회들이 성장하면서 지역 교회가 되는 것이고, 여러 지역에 교회가 세워지면서 온 교회, 모든 교회, 여러 교회를 지칭하는 거룩한 공교회라는 개념으로 발전하게 되는 것이다.

초대 교회가 예수님의 말씀에 따라 세례를 베풀면서 점차 세례는 그리스도께서 이루신 구원에 참여하는 입교 의식으로 확립되어갔다. 217년 칼리투스는 교회에 입교하는 자들만 구원 받는다는 의미로 교회를 '노아의 방주'로 표상하였으며, 키프리안 역시 교회를 '구원의 방주'로 이해하였다.

이처럼 교회의 대표적인 의미는 장소적인 개념으로 주로 취급되었는데, 그래서 교회를 크고 화려하게 건축하는 경우가 많았다. 이에 종교 개혁 직전인 1506년 크고 화려한 베드로 대성당을 건축하는 것을 시작으로 크고 화려한 교회를 짓기 위한 건축비를 마련하기 위해 면죄부를 강매한 경우가 많았다. 이는 교회를 단지 장소나 건물로 오해한 것에서 비롯된 좋지 않은 결과로 볼 수 있겠다.

한국에서도 선교 초기부터 교회를 하나님의 집, 성전의 개념으로 강조하였다. 그래서 교회를 예배당이나 성당이라고 말하는데, 특히 개신교의 경우에는 교회를 구원의 방주로 여기면서 방주 형태의 교회를 세우기도 하였다. 거룩한 성전이자, 하나님의 집인 교회를 크고 화려하게 지음으로써 하나님의 영광을 드러낸다는 취지로 말이다. 이것이 왜곡되어 일부에서는 마치 교회 건물의 크기와 규모가 목회 성공의 척도로 여겨지면서 경쟁적으로 교회를 건축하는 경우도 있었다.

2. 회중으로서의 교회

교회라는 뜻의 희랍어 '에클레시아'는 '부르심을 받은 무리'라는 뜻이다. 사도행전에서 베드로는 최초 교회의 구성원들에게 이렇게 말한다.

"이 약속은 너희와 너희 자녀와 모든 먼 데 사람
곧 주 우리 하나님이 얼마든지 부르시는 자들에게 하신 것이라
하고"

– 사도행전 2 : 39 –

교회를 건물, 그러니까 형체적인 개념보다는 하나님의 부름을 받은 거룩한 성도들의 공동체, 즉 회중이 곧 교회라는 개념이다. 전통적으로 가톨릭교회가 거룩한 성소로서 교회를 강조해 왔지만, 개신교회는 하

나님의 거룩한 백성들로 구성된 성도들의 공동체인 회중으로서의 교회를 강조해왔다. 루터와 칼빈 역시 교회를 죄인임에도 믿음으로 모인 의인의 공동체로 보았으며, 또한 본회퍼도 회중으로서의 교회가 되어야 한다며 교회를 '성도들의 공동체'라고 강조했다. 이것의 연장선으로 예수원의 대천덕 신부님은 교회(敎會)를 교회(交會)라고 개칭하자고 말씀하신 적도 있다.

현대에 들어서면서 회중으로서의 교회는 더욱 강조되었다. 교인의 수를 증가시키는 것이 교회의 성장이자 교회의 궁극적인 목표라고 주장하는 목소리가 커진 것이다. 대도시에 위치한 교회의 경우에는 교인을 늘리기 위해 건물의 위치와 편리한 주차시설, 안락한 교회 분위기 등 다양한 노력을 하고 있다.

3. 사건으로서의 교회

에밀 브룬너는 자신의 저서인 '교회를 오해하고 있는가'를 통해 지난 1800여 년 동안 그리스도의 교회가 교회를 하나의 장소나 회중과 일치시켜 온 것은 교회에 대한 큰 오해라고 말했다. 브룬너는 교회는 장소와 회중들로 구성된 것이 아니라, 하나님과의 인격적인 만남과 이웃과의 사랑 속에 존재하는 것이라고 했다. 하나님과 이웃과의 만남이야말로 교회의 본질적인 개념이며, 성령 안에서 이루어지는 이 만남이라는 사건이야말로 진정한 교회하고 주장하는 것이다.

사도행전에 나오는 최초의 교회는 오순절 사건이다.

> "사도와 함께 모이사 그들에게 분부하여 이르시되
> 예루살렘을 떠나지 말고 내게서 들은 바 아버지께서 약속하신
> 것을 기다리라"
>
> - 사도행전 1 : 4 -

이 약속을 믿은 120여 명의 무리들은 오순절 날 예루살렘의 한 다락방에 모였다. 그 순간 이 다락방에는 충만한 성령이 임하시게 되는데, 이에 베드로가 예수가 곧 그리스도라고 선포하자 많은 사람들이 회개하는 역사가 일어나게 된다. 이것이 바로 최초의 교회인 오순절 사건인 것이다. 이에 다락방이라는 '장소'와 120여 명이라는 '회중'보다 그곳 그 사람들 사이에서 일어난 거룩한 사건이 본질적으로 중시 취급되어야 한다는 점을 주장하고 있다. 부름을 받은 무리들이 모인 자리에 하나님의 말씀이 선포되고 그 말씀이 들려지는 사건이 진정한 교회라는 것이다.

사실 교회가 이 세 가지의 의미 중 어떤 것에 의미를 두고 있는 지는 중요하지 않다. 가장 중요한 것은 교회를 장소로 보든, 회중으로 보든, 사건으로 보든 진정 진실된 마음으로 신실한 마음으로 하나님을 섬기고 있느냐 일 것이다. 아무리 좋은 장소라 하더라도, 많은 사람들이 모였다 하더라도, 기적 같은 사건이 일어났더라도 그 가운데 하나님이 없

고 건물이, 사람이 우선 시 되어 있다면 그건 진정한 교회가 아닐 것이다.

우리는 간혹 하나님을 만나기 위해 교회를 가는 건지, 다른 목적으로 교회를 가는 건지 혼돈할 때가 있다. 아무리 장소로서 교회를 방문한다 하더라도 그 목적이 하나님이 아니라면 그 사람에게 그곳은 더는 교회가 아니게 될 것이며, 아무리 많은 교인들이 모여 있다 하더라도 단 한 명이라도 진실로 하나님을 만나는 자가 없다면 그것 역시 회중으로서의 교회로 의미가 없을 것이다. 또한, 아무리 기적 같은 사건이 일어나는 교회라 하더라도 그 중심에 하나님이 없다면 사건으로서의 교회가 결코 아니다.

자, 지금 눈을 감고 내게 있어 교회의 의미는 무엇인지 새삼 생각해보자. 나는 어떤 의미로 교회를 대하고 있는지 말이다. 장소, 회중, 사건이 아니라 그 가운데에 무엇을 두고 있었는지를 다시 생각해보자. 우리는 그 생각에서부터 진정한 교회를 찾게 될 것이다.

교회와 정치

정치가 시끄러울 때마다 종교단체는 목소리를 내왔다. 한국에서는 이미 정교 유착의 고리가 꽤나 길게 이어져오고 있다. 이런 문제에 대해서는 지금까지도 찬반에 대한 목소리가 짙게 나누어져 있는 실정이다. 이것은 비단 지금 한국 교회에 대한 문제만은 아니다. 오래 전부터, 종교가 생겨난 그 오랜 시점에서부터 계속 이어져오는 문제이자 고민이었다. 그들은 이 문제에 대해 끊임없이 연구했으며, 변화를 시도했다.

독일의 종교개혁자 루터는 세속 권력의 공격으로 웜스 국회에 나가 재판을 받게 된다. 이 일을 계기로 루터는 '세속 권력에 대하여: 그 복종의 한계'라는 글을 통해 그리스도인의 영적 자유를 수호해야 함을 주장했다. 세속 정부가 영적인 문제에 관여하면서 영적인 자유를 행사할 수 없었기 때문에 신앙에 한해서는 세속 정부의 명령에 따라야 하는 복종의 의무가 없음을 알리려한 것이다. 그리스도인이 영적 자유를 누리기 위해서는 영적 통치의 영역과 세속 권력의 영역 사이의 분명한 경계선이 존재해야 함과 영적 정부가 세속 정부보다 더 높은 위치에 있음을 밝히는 것이 최우선으로 해결해야 할 과제라고 여겼다.

루터는 이왕국론을 통해 정교 분리를 강력하게 주장하였는데, 루터가 이 왕국, 즉 두 개의 정부를 구분한 것은 두 정부를 혼동하여 종교적 혼란을 야기한 가톨릭교회의 교권주의자들과 정치적 혼란을 일으킨 개혁자들에게 맞서기 위한 것이라고도 볼 수 있다.

하지만 루터의 극단적인 이왕국론은 너무 영적 자유만을 일방적으로 강조하는 것이다 보니 정치적 자유에 대해서는 외면할 수밖에 없게 되었다. 그는 영적 자유를 보호해 줄 정치적인 질서의 효율성만을 앞세워 정치적인 이유로 권력을 가진 자들에게 항거하는 것조차 인정하지 않았다. 그는 "기독교 국가든 아니든 정치적인 이유로 세상 나라에 반역하는 것은 하나님에 대한 반역이므로 무자비하게 진압해도 괜찮다. 하지만 복음을 수호하기 위한 저항은 정당한 것이다"고 가르쳤다. 결과적으로 저항에 관해서도 이중적인 구분, 아니 차별이 분명해져버린 것이었다.

루터의 이러한 이율배반적인 태도는 시대적인 상황에서 보면 불가피

한 선택일수도 있지만, 후대의 신학자들에게 많은 비판을 받은 것 역시 사실이다. 특히, 루터의 영향으로 히틀러 치하에서 독일 교회가 정치적인 문제에 적극적으로 항거하지 못하고 침묵하는 역사에 치명적 과오를 초래하였기 때문에 루터의 이왕국론은 신학에 있어 비판의 대상이 되기에는 충분했다.

루터와 달리 칼빈은 하나님의 주권과 그리스도인의 보편적인 왕직을 구축해야 함을 주장했다. 칼빈은 제네바에서 종교개혁과 더불어 그 도시의 헌법과 법률을 개혁하고, 사회적 관습 개혁과 교육 제도 개혁을 병행하였으며 이 일을 위해 관리들과 협력하였다. 관리들인 장로와 목사들로 구성된 '치리법원'과 관리와 시민의 대표로 구성된 '소의회' 두 기관 사이의 협조는 상대적으로 잘 이루어진 편이었다. 소의회는 장로들을 정치적으로 임명하였지만 실제로는 교회적인 역할도 맡고 있었다. 이렇다보니 자연스럽게 교회의 멤버와 도시의 시민권을 가진 멤버 사이의 구별이 없어졌고 교회 공동체는 시민 공동체의 사람들과 동일한 구성원으로 이루어져 있었다.

16세기의 교회와 국가와의 긴밀한 유대관계를 당연한 것으로 여겼다. 당시 양자의 관계는 오늘날 우리가 흔히 말하는 정교 유착의 관계는 아니다. 제네바의 경우에는 교회와 국가를 별개의 공동체로 여기는 것이 아니라, 같은 공동체 내에서 종교적 문제와 정치적 문제를 각각 별도로 수행하는 기구로 인식하고 있었다.

칼빈은 1560년 사의회 선거 전날 밤, 시민 총회에서 자신들의 집권

자들을 뽑아주기를 촉구하기도 했는데, 이처럼 신정정치와 민주정치가 그의 가르침으로 쉽고 자연스럽게 결합되어 있었다. 그로인해 제네바는 지속적으로 그의 영향을 받게 되었다.

하지만 칼빈이 지향한 정부는 현대적 의미의 관계는 아니며, '하나님의 영원한 사랑의 법'에 대한 성서적 관념에서 비롯된 것이었다. 하나님의 법으로 신앙의 자유와 더불어 범죄에 대한 엄격한 통제까지 수행되는 것을 이상으로 삼았다. 이러한 정치적 이상은 현대의 자유민주국가의 정치적 이상에 큰 영향을 주기는 했지만, 현대적 의미의 인본주의적 자유민주주의와는 거리가 있다.

칼빈은 그리스도의 영적인 통치는 이 세상에 속하는 것이 아니기 때문에 외적인 제도나 통제로부터 자유로운 것이지만, 그렇다고 해서 인간이 제정한 제도를 폐기해버리는 것은 아니라 하였다. 그는 양자의 관계에 대해 실족하는 일이 없도록 하기 위해 두 개의 정부를 구분하였다.

"인간에게는 두 개의 세계가 있어 서로 다른 왕과 다른 법을 가지고 통치한다. 그러므로 인간 안에는 두 개의 정부가 있다. 하나는 영적 정부이다. 그것에 의해 양심이 경건과 하나님에 대한 경배를 지도받는다.

다른 하나는 시민 정부이다. 그것에 의해 인간은 인간됨과 시민의 의무를 교육받는다. 전자는 영혼의 내적 생활에 관한 영적 통치이고, 후자는 현세의 생활에 관한 정치적 통치에 해당하는 것이다."

루터는 극단적 정교 분리로 정치적 무관심을 유발 시켰으며, 칼빈은 신정정치의 이상을 통해 정치적 우상숭배를 조장했다는 평을 받고 있다. 이 두 가지 모두 취지는 좋았을지 모르지만 기독교인들의 정치적 책임을 진지하게 수용하고 실천하는 것에는 무리가 있어 보인다.

'정치 신학'이란 용어가 있다. 이 용어는 스콜라 철학에서 기원하였는데 국가의 최고 목적과 시민의 의무는 공적인 종교 행사를 집행하는 것에 있었기 때문에 국가의 신에 대한 제반 사항을 다루는 것을 정치 신학의 과제로 여겼다. 국가의 신에 대한 제의는 종교적인 실천을 그 전면에 내세웠지만 실은 정치적이었기 때문이다.

중세적인 그리스도 왕국이 쇠퇴하면서 교회의 사회적 특권과 지배력은 점차 상실되어 갔다. 또한, 산업혁명에서 프랑스 혁명에 이르는 동안 세속화가 가속되면서 교회의 사회적 영향력은 더욱 감소되어갔다. 이러한 상황에서 계몽주의적 영향을 받은 근대의 신학은 신앙을 철저히 사적인 것으로 여기기 시작했다. 현대의 정치 신학은 기독교 신앙의 공적인 의미를 회복하려는 신학적인 작업으로 메츠, 죌레, 그리고 몰트만에 의해 주장되었다.

메츠는 정치 신학은 신학을 개인의 영역으로만 국한하려는 일부의 경향 즉, 초월적, 실존적, 인격적 신학에 대한 비판적 개선책이라고 했으며, 죌레는 불트만이 실존 개념을 통해 신앙을 개인화한 것은 실존주의적 개인주의의 문제와 현실에 대한 비판적 인식이 결여되어 있다며 정치 신학적으로 비판하였다.

몰트만은 정치 신학은 아리스토텔레스의 정치적 책임과 바르트의 복음의 정치적 해석을 수용한 개념으로 모든 기독교 신학의 정치의식을 신앙의 근본적 과제로 각성시키는 것이 과제라고 하였다. 기독교인의 신앙과 양심으로 사회에 드러난 불의에 직면하여 투쟁하려는 그리스도인의 신앙적 실천과 성실한 기독교인의 신앙과 양심에 따라 조직이나 권력 내부의 불의를 고발, 저항하는 책임적인 행동을 말하는 것이다.

이승만, 김영삼, 그리고 이명박 전 대통령은 모두 기독교인이자 장로였다. 한국 사회에서는 오랜 시간동안 기독교와 정치에 관한 의견 차이가 좁혀지지 않고 있다. 정교 분리와 유착 사이에서 이 좁혀지지 않는 의견 차이는 풀리지 않는 숙제로 남아 우리를 고민하게 만든다.

故 노무현 대통령 임기 시절 노무현 정부를 좌파라는 이유만으로 정책적 검증도, 증거도 없이 교계의 지도자들은 매우 비판적인 태도와 행보를 보였다. 그리고 뉴라이트를 비롯한 우파 기독교인들의 적극적인 도움으로 이명박 정부가 들어서게 되었고 그 결과 미국 쇠고기 수입과 미디어법 날치기 통과, 4대강 사업 등의 정책으로 국민들의 비판을 받았다.

한국 교회는 앞으로도 정치에 참여해야 하는가? 또한 어떤 정권이든 아무런 검증 없이 무조건적인 지지를 해야 하는가? 이것에 대한 문제는 지금까지 계속되고 있다. 종교개혁의 쟁점 중 하나는 교회와 국가 관계의 바른 설정이다. 그렇기 때문에 루터와 칼빈이 처한 상황도 달랐으며 그 주장도 상이했던 것이다.

우리는 지난 역사를 뒤돌아보며 지금 우리만의 길을 또 찾아야 한다. 지금의 교회가, 한국의 교회가 정치에 관여해야 하는지, 관여한다면 어느 선까지, 어디까지 관여하는 것이 과연 맞는 것인지 다시 한 번 심각하게 생각해봐야 할 것이다. 외면하는 것만이, 방치해두는 것만이 옳은 길은 아님은 이미 충분히 알고 있으니 말이다.

한국 교회의 현실

한국의 기독교, 한국 교회의 선교 업적은 전 세계적으로 유명하다. 한국 교회의 열정과 그 파급력은 세계 최고 수준이라 해도 과언이 아닐 것이다. 이러한 열정 덕분에 한국 교회는 선교 100주년을 전후로 엄청난 성장을 할 수 있었다. 허나 그럼에도 불구하고 2000년대에 들어서면서부터 점차 그 성장이 더뎌지기 시작했으며, 내외적 다양한 문제가 발생하며 위기에 봉착하게 되었다.

한국 교회의 자랑인 공격적인 선교에도 불구하고 2000년대부터 신자가 줄어들었으며, 매년 마이너스 성장률을 기록하고 있는 추세이다. 이에 비해 가톨릭은 신도가 늘어나며 경이로운 성장세를 보이고 있는

데, 이러한 상대적인 결과는 국내에만 국한된 것은 아니다. 미국의 경우에도 1947년에서 1988년 사이 가톨릭은 전체 인구의 20%에서 27%로 늘었지만, 개신교는 69%에서 56%로 줄어들었다.

이런 현황의 이유로는 다양한 의견들이 있지만, 가장 설득력 있는 주장은 교회 중심의 성장으로 인한 '교회의 양극화'와 '교파 중심의 경쟁'적인 신학 교육으로 '단기간의 허술한 목회자 양산 시스템'에서 비롯한 것으로 보고 있다. 종교개혁 후 500여 년이 지난 현재, 종교개혁 당시에는 개신교의 장점이었던 부분들이 지금은 오히려 단점이 되어 취약점으로 드러나기 시작하였고, 당시 가톨릭의 단점들은 현재에는 장점으로 전환되어 새로운 국면을 맞이하게 된 것이다.

한국 교회는 더딘 성장뿐만 아니라, 현저히 떨어진 자정 능력과 사회적 신뢰도 바닥을 치고 있는 문제점을 안고 있다. 이뿐만 아니라, '교회의 물량화', '교회의 양극화', '무임 목사 양산으로 인한 목회자의 질적 저하', '교단 분열', '대형 교회의 세습', '교회의 정교 유착과 기득권화', '교회의 고령화', '이단의 등장', '목회자의 사회적 물의' 등 한국 교회가 봉착한 위기는 한두 가지가 아니다. 이러한 상황에 지금쯤 다시 한 번 종교개혁 같은 패러다임 전환이 필요하다는 주장을 하는 이들도 점차 늘어나고 있는 실정이다.

그렇다면 이 문제점을 개선할 수 있는 방책은 없을까?

목회자 신분이 아닌 본 저자이지만 객관적으로 바라볼 때 몇 가지 개선할 수 있는 방책을 제시해볼까 한다.

첫째, 한국 개신교의 모든 문제점의 원인은 교단 분열에서부터 시작되는 것이기 때문에 교단 통합 등 개신교의 구조 조정이 반드시 필요하다. 2016년 기준 한국기독교총연합에 가입한 회원 교단은 77개이며, 이 중 대한예수교장로회라는 명칭을 사용하는 교파가 60여 개에 달한다. 한국 교회가 교단의 통폐합을 통해 구조 조정을 이루지 못한다면 교파 분열에 따른 비효율성과 중복 투자로 인해 스스로 경쟁력을 상실하게 될 것은 자명한 사실이다.

둘째, 양질의 목회자를 배출할 수 있어야 한다. 돈으로 쉽게 장로직을 사고, 검증되지 않은 목회자로 인해 목회자의 권위가 바닥에 떨어져 있는 현실이다. 목회자의 자질 향상을 위해 검증된 교육 시스템을 구축해야 되며, 가족과 교회, 신학교와 교단이 보다 효율적인 제도와 프로그램을 만들어 나가야 한다.

셋째, 교회의 양극화를 해소시켜야 한다. 양극화를 해소시키기 위해서는 교회의 자발적인 분립이 필요하다. 평양의 장대현 교회는 교인 수가 늘어나자 여러 번 교회를 분립하였다. 장대현 교회의 교인 수가 크게 증가하자 1903년 일부의 교인을 분리하여 남문밖 교회, 사창동(후일 창동) 교회(1905), 산정현 교회(1906), 서문밖 교회(1909), 외성 교회(1911)를 각각 분립하였다. 이런 전통을 살려 중, 대형 교회의 분립이 가속화시켜야 한다.

이러한 대안이 반드시 해결책아 된다고는 볼 수 없지만, 적어도 적용해볼 필요성은 있어 보인다. 종교개혁 이후 가톨릭이 자체 개혁을 시도

했던 것처럼 현재의 한국 교회도 새로운 대안을 찾아 자체적으로 경쟁력을 길러야만 할 것이다.

이 외에도 또 현저히 드러나고 있는 문제점 중 하나는 '리더의 부재'이다. 지도자의 영향력은 그의 권위에서 비롯되는데, 막스 베버는 종교 사회학적 연구를 통해 지도자의 사회적 권위의 특성을 세 가지로 나누어 설명하였다.

첫 번째는 카리스마적인 권위이다. 이는 개인적으로 남다른 천부적인 자질을 갖추었기 때문에 지도자로 추대되어 권위 있게 지도력을 발휘하는 경우이다.

두 번째는 전통적인 권위이다. 자신은 카리스마적인 권위를 갖추지 못했지만, 카리스마적인 권위를 세습하거나 전통적인 권위가 부여되는 조직의 일원이 됨으로써 그러한 권위에 상응하는 영향력을 행사하는 경우이다.

세 번째는 합리적인 권위이다. 천부적인 자질이나, 세습적인 정통성은 없지만, 후천적인 학습을 통해 전문적인 자질을 함양함으로써 지도력을 발휘한다.

고대 사회에서는 카리스마적인 권위가 강한 지도력을 발휘하였지만 현대에는 합리적인 권위가 더 인정받고 있다. 종교 영역에서는 지금도 카리스마적인 권위를 갖춘 지도자가 권력을 행사하는 경우가 많지만, 현대에는 이 세 요소를 고루 갖춘 자를 이상적인 목회자로 보고 있다.

세 가지를 고루 갖춘 목회자란,

우선 1) 영적 권위. 다르게 말하자면 영적 카리스마를 지녀야 한다. 성서의 모든 지도적인 인물들은 하나님의 부르심을 받은 강한 소명의식의 소유자들이었다. 강한 소명 자체가 영적 카리스마를 뿜어져 나오게 함으로 자신의 신앙 체험에서 비롯된 강력한 소명감을 가진 자여야 한다는 것이다.

또한, 2) 사도직의 계승자로서 일정한 훈련 과정을 거쳐 안수를 받아야 한다. 목회자에게 요구되는 기본적인 지도 역량을 갖춘 자가 전통적인 권위를 이어 받을 수 있어야 하며, 이러한 자질 함양을 위해서는 일정한 경건과 학문의 훈련을 거친 다음 안수를 받아 목회자로서의 정통성을 지니는 것이 중요하다. 칼빈은 목회자의 안수식은 이러한 목회자의 전통적인 권위를 부여받는 '외적 소명의 의식'이라고 하였다.

마지막으로 3) 교회라는 조직의 최고 경영자이기 때문에 현대 경영학에서 배울 수 있는 지도자의 합리적인 행정과 경영, 통솔 능력에 관한 여러 기법들을 연구해야 한다. 현대 목회는 종합상사의 경영처럼 다방면의 전문적인 통솔을 요구한다. 따라서 목회자는 이러한 경영 능력과 기법을 배워 목회에 응용해야 하는 것이다.

이외에도 요즘은 셀프리더십이라 하여 스스로 성장을 꾀하며, 새로운 환경을 조성하는 리더십을 요구하고 있기도 하다.

목회자는 시대에 맞는 리더의 요건을 갖추어야만 교회라는 큰 조직을 제대로 이끌어 갈 수 있다. 어느 조직이든 리더의 위치는 외롭고 힘들다. 그렇기 때문에 리더가 제대로 세워지기 위해서는 리더의 리더십도 중요하지만, 리더를 따르는 조직원들의 팔로우십 역시 굉장히 중요하다. 맹목적인 팔로우보다는 충언과 조언을 아끼지 않고 적극적이고 능동적인 자세로 조직을 위한 움직임이 필요하다. 그렇게 바른 리더십을 가진 목회자와 성실한 팔로우십을 가진 목자가 모인 교회라면 그 어떤 난관에 봉착하더라도 분명 함께 극복해낼 수 있을 것이며, 그를 계기로 더 크게 성장할 것이라 확신한다.

한국 교회가 어려운 시기를 맞고 있다 하더라도 한순간 전체 교회를 바꾸고 성장시킬 수는 없다. 하지만 작은 교회 하나하나부터 변화를 맞이하고 성장하려 한다면 그 성장이 서로 만나 시너지 효과를 일으켜 전체를 성장 시키게 할 것이다. 한국 교회의 실정이 안타깝다면 지금 내가 이끌고 있는 교회에서부터, 내가 섬기고 있는 교회에서부터 변화를 시도하면 된다. 그 작은 변화의 움직임이 분명 한국 교회 전체를 다시 부흥의 시대로 만들어갈 테니 말이다.

Chapter

03

성경
인문학

가장 오래된 인문학, 성경

■ 글로 기록된 가장 위대한 작품

전 세계 인류의 80%가 가지고 있다는 책, 성경은 세계에서 역사적으로 가장 많이 팔린 베스트셀러이다. 글이라는 기호로 쓰인 기록물 중 가장 위대하고 우수한 작품이라 해도 과언이 아닐 것이다.

성경은 글로 기록되었다. 이것은 특별할 것 없는 당연한 것으로 여겨지고 있다. 그러나 글은 본격적으로 문자로 사용하기 이전의 사회에서는 신령한 힘이 깃들여 있는 것으로 여겨졌다. 그렇기에 글은 종교 행위의 규범을 만드는 것에 사용하는 것이 아닌 종교적 경외심을 불러일으키기 위해 사용되곤 했다.

글은 신의 선물이었다. 쓰면 이루어진다는 말처럼 글은 축복이나 저주를 담는 초자연적 능력을 가진 것으로 믿어졌다. 일상의 세속적인 용도가 아니라 제사나 암송을 통해 현재와 미래에 일어날 일들에 영향을 미치기 위한 신들과의 소통 도구로 사용되었다. 또한, 성경에서는 하나님이 사람들의 이름을 기록한 책을 가지고 있다고 말하며, 모세의 책에서는 글쓰기를 신령한 것이라 말하기도 했다. 이렇게 글은 신비롭고 신령한 것으로 여겼으며 이러한 태도는 고대 이스라엘과 같은 구술문화 사회에서 전반적으로 나타나는 현상이었다.

지금은 글을 쓰는 일을 누구나 당연히 하는 일이라 여기고 있다. 오히려 글을 쓸 줄 모르는 사람을 찾아보기 힘들며, 그러한 사람을 문맹인이라 부른다. 그럼에도 지금까지 글이라는 기호로 만들어진 콘텐츠 중에서 유일하게 신성시 여겨지고 경외심을 갖게 하는 것이 바로 성경인 것이다. 그 오랜 시간 많은 사람들을 거쳐 왔음에도 변함없이 말이다. 그것이 바로 성경이 가지고 있는 가치와 의미를 더욱 증명하고 있다.

■ 성경은 언제부터 글로 기록되었는가?

성경은 기원전 8세기 후반, 예언자 이사야와 유다 왕 히스기야의 시기에 점차 모양새를 갖추어 갔다. 당시 구전으로만 전해지던 방식에서 새로이 글로 기록하는 형태가 구축되어 가기 시작한 것이다. 글은 세력을 확장시키려는 왕실의 정치적 도구가 되기도 하였는데, 사회적인 이러한 변화에서부터 성경의 수집과 기록이 활발해져갔고, 이에 성경은 자연스럽게 글로 기록되기 시작했다.

성경이 글로 기록되던 초기에 중심적인 역할을 한 인물은 히스기야 왕이었다. 그의 정치적 목표는 이스라엘의 황금기였던 다윗과 솔로몬 시대의 재창조였는데, 어릴 때부터 다윗과 솔로몬에 대한 갈망이 있었던 것이다. 과거의 동경이 삶의 방향성을 좌지우지 하는 것처럼 히스기야 왕 역시 이 동경에서부터 정치적, 문학적 틀을 만들어갔다. 히스기야는 그의 서기관들과 함께 다윗과 솔로몬의 황금기를 문헌을 통해 체계화하기 시작한 것이다.

히스기야 시대의 서기관들이 눈에 띄게 활동하기 시작한 것은 잠언 25:1를 통해서도 알 수 있다.

"이것도 솔로몬의 잠언이요 유다 왕 히스기야의 신하들이 편집한 것이니라"

– 잠언 25 : 1 –

잠언은 통상적으로 솔로몬이 지었다고 많이 알려져 있다. 물론 잠언의 내용 그 자체는 솔로몬의 명성과 이념에 대한 것이지만, 기록 자체는 솔로몬 시기가 아닌 한참 뒤의 후대에 쓰여 졌다고 보는 학자들이 많다. 또한, 잠언 25장 1절을 통해서도 잠언의 기록 자체는 히스기야 때라고 볼 수 있다.

그렇다면 히스기야 시기에 기록된 성경은 어느 정도나 될까?

히스기야의 통치 기간은 창작 연대의 황금기라고 불릴 정도였다. 히스기야의 기록 사업은 역사서의 기록부터 모세와 제사장들로 이어지는 전승의 수집, 이사야, 아모스, 호세아 같은 예루살렘 예언자들의 예언적 전승을 기록했다. 북왕국이 몰락하고 전원국가였던 남왕국이 도시화가 되면서 히브리 성경의 상당량을 수집, 편집하여 기록으로 남길 수 있도록 되었는데, 이 무렵 히스기야 왕의 궁정에서 아모스, 호세아, 미가, 그리고 예루살렘의 이사야와 같은 기원전 8세기 말 예언자들의 예언을 정리하면서 시작한 것이다.

■ 책이 된 성경

글은 더 이상 특별한 것이 아니게 되었다. 글이 유다 사회 전역으로 확산되면서 장인뿐만 아니라 병사들도 글을 읽고 쓸 줄 알게 되었다. 이전 사회에서 글이 아주 제한적으로 사용되었다면, 이제는 일반 백성의 생활 속으로 확산되면서 더 이상 글이 왕실과 제사장의 전유물이 아니게 된 것이다.

이 시기 성경 기록에 전환점이 되는 사건이 하나 일어나는데 그것은 바로 '아몬 왕 암살 사건'이었다. 아몬 왕이 암살되고 8살인 요시야가 예루살렘의 왕으로 세워졌는데 유다의 시골 출신이었던 요시야가 정치와 종교에 대한 개혁을 단행한 것이다. 이 개혁은 히스기야 시기에 시작된 도시화와 북부의 영향을 직접 겨냥한 것이었다.

신명기에서 알 수 있듯이 글은 히스기야의 비전을 비판하는 도구가 되었다. 신명기에서 솔로몬이 더 이상 위대한 아닌 하나님이 주신 율법을 거역한 왕으로 나오듯이 말이다.(열왕기상 11장, 신명기 17:14~20)

허나 이도 오래 가지는 못했다. 요시야가 므깃도 전투에서 이집트 느고 왕의 손에 전사하고 유다 왕국 독립의 꿈이 좌절되었다. 그리고 이윽고 찾아온 페르시아 왕국의 시기에서부터 성경 기록의 시기는 침체기를 맞이하게 된다.

한때 번성한 도시였던 예루살렘은 대부분 폐허가 되고 히브리어도 쇠퇴하기 시작한다. 페르시아 시대에도 성경을 보존한 이들은 예루살렘 성전을 지키던 제사장들이었는데, 당시 제사장들은 성경을 새로 기록하기보다 이미 있던 자료를 보존하는데 그쳤다. 그 과정에서 성경 몇몇 부분에 편집자적 해설을 덧붙이기만 했다.

예를 들어 욥기의 시에서는 편집자가 추가한 서두와 결론을 볼 수 있으며, 시편을 다섯 부분으로 나눠 모세오경과 짝을 이루게 하였다. 또한, 에스라는 새로운 제사장직의 이상적인 본보기를 보여주기도 했다.

이후, 기원전 3세기 헬레니즘의 문화적 르네상스를 맞이하여 유대문학이 다시 꽃을 피운다. 헬레니즘 시기에 이집트의 통치가 예루살렘에 어느 정도의 평화와 번영을 가져다주면서 예루살렘이 다시 성장하기 시작한 것이다. 하지만 이미 성경의 정경은 거의 완성이 되어 있었고, 대체로 더 이상의 기록은 하지 않았다. 대신 다양한 방법으로 사본을 만들고, 번역하고 쉽게 풀어쓰고, 주석을 붙이며 아름답게 장식하는 것에 치중했다.

■ 가장 오래된 인문학

성경은 수천 년에 걸쳐 수많은 사람들을 통해 기록되고 완성된 인문학이다. 동서고금을 막론하고 가장 널리 알려지고 많이 읽혀진 책이 될 수 있었던 건 하나님의 말씀을 담은 책이기도 하지만, 이토록 오랜 시간, 많은 사람의 열의를 담아 제작된 책이기에 가능한 일이었다고 여겨진다. 또한, 이러한 시간과 사람을 통해 책을 완성시킨 하나님의 뜻과 능력에 다시 한 번 하나님이 살아계심을 느낄 수 있다.

지금도 성경을 공부하고 연구하는 사람들이 많이 있다. 그만큼 성경은 그 깊이와 진리가 끝을 알 수 없을 정도로 경이롭다. 우리가 평생을 바쳐 성경에 매진한다 하더라도 결코 그 진정한 진리에는 도달할 수 없을 것이다. 그 말인즉 평생을 하나님만을 바라보아도 그 분의 뜻을 우리가 다 헤아릴 수는 없다는 뜻이다.

하지만 그렇기에 우리는 성경을 읽어야 한다. 가능한 더 알기 위해,

더 가까이 가기 위해서 말이다. 그저 수박 겉핥기식이 아닌 진지하고 진중하게 하나님과 마주해야 하는 마음으로 성경을 대해야 한다. 세상에서 가장 오래되고, 가장 위대한 하나님의 작품, 우리는 성경을 그렇게 마주해야 한다.

성경 속 인물들 Ⅰ

■ 아브라함

아브라함에게는 세 명의 자식이 있다. 바로, 유대인, 아랍인, 기독교인이다.

유대인들은 자신들을 아브라함의 아들, 이삭의 후손이라 여긴다. 이삭이 아브라함의 둘째아들이긴 하지만, 하나님의 약속으로 낳은 자식이기 때문에 이삭의 후손인 유대인이야말로 아브라함의 적자라고 주장하는 것이다. 반면, 아랍인들은 자신들이 아브라함의 첫째 아들 이스마엘의 후손이라 믿는다. 그리고 첫째 아들인 이스마엘의 후손이니 자신들이야말로 아브라함의 적자라고 주장한다.

이 때문에 아브라함이 모리아 산 정상에서 하나님께 바치려 했던 아들에 대해 유대인은 이삭이라 믿고 있으며, 아랍인들은 이스마엘로 믿고 있다. 그래서 모리아 산이라 여겨지는 예루살렘의 시온 산언덕에 유대인은 성전을, 무슬림은 알아크사 사원을 세운 것이다.

하지만 기독교인들은 예수 그리스도의 조상인 아브라함을 믿음의 조상으로 여긴다. 비록 혈육상의 아버지는 아니더라도 믿음의 아버지로서 아브라함을 거룩하게 여기는 것이다. 시온 산 맞은편 언덕에는 성묘교회와 더불어 교회가 가장 많이 자리 잡고 있다.

아브라함의 이름은 본디 '아버지는 높임을 받는다'는 뜻의 '아브람'이었다. 차후 그는 하나님과 계약을 맺은 후 '열국의 아버지'라는 뜻의 '아브라함'이라는 새 이름을 얻게 된다. 많은 민족의 아버지로 떠 받들게 된 것을 보면 확실히 그는 자신의 이름 뜻 그대로 실현된 듯하다.

그렇다면 아브라함은 어떻게 복의 근원이 되었을까? 그것은 아주 쉽게 답을 찾을 수 있다. 바로, 하나님과의 약속을 받고 믿으며 지켰다는 것에 있다. 허나, 말로는 이렇게 쉽게 정리할 수 있지만 실제로 그 약속을 믿고 지키는 것에는 정말 힘겨운 결심과 결단이 필요하다.

"여호와께서 아브람에게 이르시되

너는 너의 고향과 친척과 아버지의 집을 떠나 내가 네게 보여
줄 땅으로 가라"

– 창세기 12 : 1 –

이것이 하나님께서 아브라함에게 전한 말씀이다.

우리는 익숙한 것에서 얼마나 쉽게 그것을 멀리할 수 있을까? 안정적인 직장을 쉽게 그만둘 수 있을까? 지금 가진 모든 것을 내려놓고 새로운 무언가를 시작할 용기가 우리에겐 있는가? 하나님의 눈으로는 모두 보이겠지만, 우리의 눈, 아브라함의 눈에는 아무것도 보이지 않는다. 눈을 가리고 길 위를 걸어가는 것과 마찬가지인 셈이다. 허나 결단한다. 하나님의 말씀을 믿고 지키기 위해 결단하는 것이다.

그 한 번의 결단으로 보이지 않는 수많은 가능성은 다가오기 시작한다. 복의 근원이 된다는 것은 그러한 의미이다. 그렇기에 우리는 아브라함을 믿음의 조상으로 여기는 것이다. 보이지 않지만, 볼 수 없지만 그런 것에 연연하지 않고 약속을 믿고 결단하고 행동하는 그 믿음. 우리는 아브라함의 그 믿음의 결단을 본받아야 한다.

우리는 결핍해질수록 순수해진다. 가진 게 많아질수록 두려워한다. 비어져 있을수록 기대하게 되고 노력하게 된다. 채워져 있는 상태에서는 불안해지기 일쑤다. 허나 아브라함을 보면서 우리는 지금 가진 무언가를 다 내려놓고 결단할 수 있는 지 자신을 돌아봐야 한다. 그만한 결단을 가지고 있는지, 그만큼의 믿음이 있는 지를 말이다.

야곱

아브라함의 손자이자 이사악의 아들인 야곱은 히브리 민족의 세 번째 성조이며, 히브리 민족은 '야곱의 집안'으로 불리기도 한다. 창세기에 등장하는 야곱의 삶을 통해 우리는 이스라엘 민족을 들여다볼 수 있다.

야곱은 이시악의 쌍둥이 아들 중 둘째로 태어났다. 그래서 인간의 법으로는 주목받지 못하는 존재였다. 허나 하나님의 법에 따라 그는 맏아들의 권리를 받게 되고, 하나님 구원사의 큰 줄기가 된다.

창세기 27장을 보면 야곱이 형 에사우에게서 맏아들의 권리를 가로채는 방법은 교활하기까지 하여 당혹스럽기도 하다. 그럼에도 야곱은 땅과 후손을 주시겠다는 하나님의 약속을 상속받은 사람이다.

야곱이 꿈속에서 하나님을 만난 사건으로 '베텔'이 히브리 민족에게 중요한 성지가 되었다면, 창세기에서 나오는 어둠 속에서 하나님과 씨름을 하고, '이스라엘'이라는 새로운 이름을 얻는 사건은 떠돌이 순례자 야곱을 이스라엘의 성조로 만드는 결정적인 인장이 된 셈이다.

> "야곱은 홀로 남았더니 어떤 사람이 날이 새도록 야곱과 씨름하다가
>
> 자기가 야곱을 이기지 못함을 보고 그가 야곱의 허벅지 관절을 치매

야곱의 허벅지 관절이 그 사람과 씨름할 때에 어긋났더라

그가 이르되 날이 새려하니 나로 가게 하라

야곱이 이르되 당신이 내게 축복하지 아니하면 가게 하지 아니 하겠나이다

그 사람이 그에게 이르되 네 이름이 무엇이냐

그가 이르되 야곱이니이다

그가 이르되 네 이름을 다시는 야곱이라 부를 것이 아니요 이스라엘이라 부를 것이니

이는 네가 하나님과 몇 사람들과 겨루어 이겼음이니라.

야곱이 청하여 이르되 당신의 이름을 알려주소서

그 사람이 이르되 어찌하여 내 이름을 묻느냐 하고 거기서 야곱에게 축복한지라"

– 창세기 32 : 24 ～ 29 –

이름을 바꾼다는 것은 운명이 바뀌었다는 것을 의미한다. 성경에는 이름에 관한 이야기가 곧잘 나오는데 야곱의 경우에는 그가 어머니 뱃속에서 나올 때 형 에사우의 '발뒤꿈치'를 잡았다고 해서 '야곱'이라고 불렀다고 한다. 야곱은 히브리어로 야켑(aqeb), 뒤꿈치라는 뜻이다.

또한, 학자들은 야곱이란 이름에는 '싸움'이라는 뜻이 들어있다는 주장을 하기도 한다. "하나님과 싸웠다"는 뜻인 '야쿱-엘(ja'qub-el)로 해석하기도 하는 것이다.

허나, 성경에서는 '이스라엘'은 성조의 새 이름으로서 그의 민족이 앞

으로 불릴 이름으로 긴장과 기쁨, 충돌과 만남으로 채워진 그날 밤의 신비가 함축되어 있음을 나타내고 있다.

어쩌면 야곱이 '이스라엘'이라는 이름을 받는 순간 그는 자신의 삶의 전환점을 맞이한 것이다. 우리의 삶에도 야곱이 새로운 이름을 부여 받은 것처럼 삶의 전환기를 맞이하는 순간이 있다. 우리는 언제가 되었든 선택해야 하는 순간을 맞이한다. 그 때 우리는 항상 하나님을 중심에 두고 선택해야 할 것이다. 그것이 우리가 야곱에서 이스라엘이 될 수 있는 순간일 테니 말이다.

■ 요셉

요셉은 야곱이 사랑한 두 번째 아내 라헬에게서 얻은 첫째 아들이다. 요셉은 야곱의 편애를 받은 자식이기도 했는데 그의 이름은 히브리어로 '주님께서 더해 주시길!'이란 뜻을 지니고 있다.

요셉이 겪은 많은 사건들을 다 이야기할 수는 없지만 역사적이기 보다 지혜로운 그의 이야기는 창세기 37장에서 50장까지 등장한다. 이 모든 이야기는 하나하나 따로 묵상해볼 가치가 있는 훌륭한 내용들이다.

요셉은 완벽한 현자로서 꿈에서 하나님의 선택을 알아내는 능력을 지녔으며, 여자의 유혹을 물리칠 줄 알고 정치와 경제에 수완이 있었다. 하나님을 경외할 뿐만 아니라 아주 강한 종교적 신념 또한 지니고 있었으며, 악에서 선을 끌어낼 정도로 하나님의 섭리를 굳게 믿는 인물이다.

요셉이 이집트에서 겪은 모험은 형제들의 악행에서 비롯되었다. 그들이 처음 충동적으로 품은 생각은 카인의 '형제 살인'과도 닮아있다. 허나, 그들은 야곱의 첫째 아들인 르우벤의 제지를 받게 되는데 그 덕에 요셉을 죽이는 대신 이집트로 내려가는 길이던 이스마엘인들에게 팔아넘긴다. 이 외에도 여러 우여곡절을 겪은 뒤에 요셉은 이집트 파라오의 재상이 되는데, 재상이 된 어느 날 그는 자기 앞에 무릎을 꿇은 초라한 형들을 보게 된다. 그리고 그들에게 다가가 복음과도 같은 말을 건넨다.

"저를 이곳으로 팔아넘겼다고 해서 괴로워하지도, 자신에게 화를 내지도 마십시오. 우리 목숨을 살리시려고 하나님께서는 나를 여러분보다 이곳에 먼저 보내신 겁니다."

우리는 요셉의 이 말에서 원수를 사랑하는 그 말의 의미를 깨달을 수 있다. 하나님은 뒤틀린 시간과 삶 속에서도 실은 항상 곧은길과 옳은 길로 인도하고 계심을 다시 한 번 알 수 있게 되는 것이다.

성경에서는 수많은 인물들을 등장시키며 그들을 통해 우리에게 많은 가르침을 주고 있다. 그 인물들 한 명, 한명은 우리의 모습이자 나의 모습이다. 그 인물들을 통해 반성하고 하나님의 메시지를 들어야 한다. 성경에 아무 의미 없이 등장하는 인물은 단 한 명도 없으니 말이다.

-¦¦-

성경 속 인물들 II

■ 모세

우리가 흔히 아는 모세는 출애굽의 지도자이다. 히브리 민족의 해방
을 위해 이집트 파라오와 싸우고, 홍해를 가르는 기적을 보이며 바다를
건너 시내 산에서 십계명을 받는 모습에 고정되어 있는 것이다. 우리는
언제나 위대한 지도자에 목말라 있기 때문에 늘 백성들의 앞에서 백성
을 인도했던 모세의 모습을 강하게 기억하고 있는 것일지도 모르겠다.

하지만 성서에서 말하는 모세의 모습은 이뿐만이 아니다. 성서에서

는 드물게 탄생에서 죽음에 이르기까지 모든 생애가 드러나는 인물 중 한 명이 모세다.

모세가 태어난 시기는 비극적인 시대를 맞이하고 있던 시기였다. 그 덕에 강물에 내던져져 죽게 될 운명이었던 히브리인의 아들 모세는 그의 누이와 어머니 덕에 목숨을 건지게 된다. 이후 이집트의 공주에게 발견된 모세는 이제 히브리인의 아들이 아닌 이집트의 왕자 '모세'로 다시 태어나게 된다.

한 순간 하급 계급에서 최상위 계급이 된 모세는 무럭무럭 잘 커갔다. 그러던 어느 날, 모세는 강제 노역을 하던 히브리인이 공사 감독에게 매를 맞는 장면을 목격하게 된다. 이에 분노한 모세는 이집트인인 공사 감독을 때려 죽였다. 이때 처음으로 모세는 자신의 정체성의 혼란을 느끼게 된 것이다. 그 이후, 모세는 스스로 '나는 누구인가?'에 대한 끝없는 물음을 던지기 시작한다.

우리는 누구나 이 땅에 태어난 그 이유가 있다. 마치 목적의식처럼 말이다. 우리는 스스로 자신의 정체성을 깨달아야 한다. 자신이 무엇을 해야 하는지, 무엇을 위해 살아가고 있는지. 지금 자신의 자리가 자신이 있어야 하는 곳인지를 분명히 알아야 한다.

모세는 이후 이집트의 왕자에서 다시 도망자의 신세가 된다. 그리고 많은 양떼와 처자식을 거느리게 된 '낯선 땅의 나그네'가 된다. 그렇게 결국 이스라엘 민족을 이끄는 지도자가 되었다. 그가 스스로에게 정체성에 대한 물음을 던지지 않고, 그저 주어진 삶에 대해 안주하고 살아갔더라면 우리는 결코 성경에서 그의 이름을 볼 수는 없었을 것이다.

우리의 삶 속에도 우리의 정체성을 일깨워주는 사건은 분명 일어난다. 하지만 그 사건을 통해 자신에게 어떤 물음을 던지고, 어떤 선택을 할 것인지는 하나님께서 부여하신 자유선택권에 달렸다. 크리스천은 항상 모든 것을 열어 하나님의 음성을 들으려 해야 한다. 그 속에서 자신의 정체성을 찾고 그 길을 걸어 나가야 하는 것이다. 성경의 모세처럼 말이다.

■ 요나

"이스라엘의 하나님 여호와께서 그의 종 가드헤벨 아밋대의 아들 선지자 요나를 통하여 하신 말씀과 같이 여로보암이 이스라엘 영토를 회복하되 하맛 어귀에서부터 아라바 바다까지 하였으니 "

이는 열왕기 하권 14장 25절의 내용이다.

기원전 8세기는 예로보암 2세가 북쪽 이스라엘 왕국의 수도인 사마리아를 통치하던 시기로 번영하던 한편 사회적으로는 불의가 판치던 시기였다. 또한, 아모스 예언자의 논쟁적인 목소리가 울려 퍼지던 시기이기도 했는데, 위의 열왕기 본문에서 '비둘기'를 뜻하는 '요나'라는 이름의 또 다른 예언자가 얼굴을 드러내던 시기이기도 했다.

우리는 예언자 요나라고 하면 그를 삼켜버렸던 커다란 고래를 기억

한다. 로마의 성 갈리스토의 카타콤을 비롯하여 이러한 모습이 묘사되고 있는 곳은 수없이 많은데, 그의 이름과 함께 우리에게 전해지는 요나서는 일종의 비유라고 하는 것이 바름직 하다. 이 비유의 주인공은 이스라엘의 옛 예언자이고 이 예언자는 재치 있는 아이러니한 모습으로 묘사되고 있다. 불평하기 좋아하고, 겁이 많고, 걱정이 많으며, 특히 하나님의 부르심을 따르지 않는 사람으로 말이다.

하나님께서 요나에게 동쪽 아시리아의 커다란 성읍인 니네베로 가서 말씀을 선포하라고 하셨지만, 그는 반대인 서쪽 중심지인 타르시스, 혹은 사르데냐를 향해 배를 탔다. 하나님의 말씀을 어긴 요나는 큰 폭풍을 만나며 거대한 고래에게 삼켜지고 만다.

이에 회개한 요나는 이번에는 니네베로 향한다. 허나, 이 불평스러운 예언자는 완전히 회개한 것이 아니었다. 아주까리 나무의 무성한 잎 아래 앉아 신랄함 마음을 채우고 있었다. 그런데 그 때 뜨거운 더위에서 그에게 그늘을 제공해주던 나무의 뿌리를 벌레 하나가 파먹었다. 그러자 나뭇잎이 시들어버려 요나의 머리 위로 뜨거운 햇볕이 내리 쬐기 시작했다. 또한 사막의 뜨겁고 메마른 바람까지 불어왔다. 그리고 하나님은 요나를 통해 우리에게 가르침을 주신다.

"너는 네가 수고하지도 않고 키우지도 않았으며, 하룻밤 사이에 자랐다가 하룻밤 사이에 죽어버린 이 아주까리를 그토록 동정하는구나. 그런데 하물며 오른쪽과 왼쪽으로 가는 길도 모르는 사람이 12만 명이나 있고, 수많은 짐승들도 있는 이 커다란 성읍 니네베를 내가 어찌 동정하지 않을 수 있겠느냐?"

■ 솔로몬

어느 날, 두 명의 창녀가 왕을 찾아와 현명한 답을 내려달라 청한다. 한 여자는 이리 말했다.

"왕이시여, 저희 두 사람은 한 집에 살고 있습니다. 제가 아이를 낳을 때 저 여자도 저와 함께 있었습니다. 그리고 제가 아이를 낳은 지 사흘 만에 저 여자도 아이를 낳았습니다. 그런데 저 여자가 잠을 자다가 잘못하여 자기 아이를 깔아뭉개 그 아이가 그날 밤 죽었습니다. 그런데 저 여자가 제가 잠이든 사이에 제 품에 있던 아이를 데려가 제 품에 뉘이고 죽은 아이를 제 품 속에 눕혀 놓았습니다. 제가 새벽에 일어나 아이에게 젖을 먹이려고 보니 아이가 죽어있는 것이 아니겠습니까? 그런데 자세히 보니 그 아이는 제가 낳은 아이가 아니었습니다."

그러자 다른 여자가 반박했다.

"아닙니다. 살아있는 아이는 제 아이가 확실합니다. 저 여자가 거짓말을 하는 것입니다."

그렇게 두 여자는 왕 앞에서도 다투기 시작했다. 이 이야기를 들은 왕은 가만히 생각에 잠겼다. 그리고는 이내 신하에게 칼을 가져오라 명하였다. 신하가 칼을 가져오자 왕이 명령을 내렸다.

"살아있는 아이를 이 칼로 둘로 베어 반쪽은 이 여자에게 주고, 나머지 반쪽은 저 여자에게 주어라."

그러자 한 여자는 애원하기 시작했다.

"안됩니다. 왕이시여, 제발 그러지 마시옵소서. 그냥 이 아이를 저 여자에게 주어도 좋으니 제발 멈추어 주소서."

한편 다른 여자는 이렇게 말했다.

"어차피 내 아이도 안 되고, 네 아이도 안 될 테니 차라리 그렇게 나눠 가지자!"

이 모습을 보고 왕이 말했다.

"살아있는 아이를 죽이지 말고 양보한 저 여자가 아이의 어미이다. 저 여자에게 아이를 주거라."

이 일화는 솔로몬 왕의 유명한 일화 중 하나이다. 이렇게 솔로몬 왕은 우리에게 지혜의 왕으로 기억되고 있다. 허나 그를 지혜의 왕으로만 기억해서는 안 된다. 그는 지혜를 가진 현인이었을 뿐만 아니라, 성전과 궁전 건축이라는 대역사의 주인공이었으며, 탁월한 정치적 역량과 뛰어난 국제 감각, 경영 능력을 지닌 군주였다. 또한, 진정한 로맨티스트이기도 했다. 그의 여러 지혜는 전도서, 잠언, 아가서 등에서 확인할 수 있다.

성서에서는 솔로몬의 영화의 근원이 '지혜'라고 말한다. 이는 열왕기상 3장을 보면 잘 알 수 있다. 솔로몬은 다른 무엇보다 지혜를 구했다.

그렇기 때문에 하나님께서는 지혜와 더불어 부귀와 영화까지 누리게 해주셨다고 한다.

솔로몬의 모습을 보면서 우리는 부귀나 영화를 쫓는 것이 아닌, 지혜를 쫓을 때 비로소 부귀와 영화가 스스로 따라옴을 알 수 있다.

성서에서는 이 밖에도 많은 인물들이 등장한다. 그리고 성서를 인물 위주로 보면서도 우리는 많을 것들을 깨달을 수 있다. 사무엘, 엘리야, 요시야, 다윗, 예레미야, 느헤미야, 룻과 나오미, 에스더 등. 그들의 삶과 행동을 통해 깨닫고 반성할 수 있는 것들이 너무나도 많다. 그들의 훌륭한 업적과 지혜로운 선택에서, 그들의 어리석고 덧없는 욕망에서 우리는 많은 것들을 배울 수 있다.

우리의 삶은 동일성을 띠고 있다. 각자 모두 다른 삶을 살고 있다고 생각하지만 동일한 부분이 있고, 비슷한 패턴을 갖고 있다. 그렇기에 살다간 시대도 다르고, 장소가 다르지만 비슷한 상황에 비슷한 선택을 해야 하는 순간은 분명 다가온다. 우리에게 그러한 순간이 다가왔을 때 우리는 그들의 삶을 통해 더욱 현명한 선택을 할 수 있다. 그리고 그렇게 할 수 있는 자를 일컬어 우리는 '현명한 사람', 즉 '현인'이라고 하는 것이다.

우리는 모두 현인이 될 수 있다. 그들의 삶을 공부하고, 그들의 삶을 통해 더 나은 선택을 하려 한다면 말이다.

성경은 제대로 읽어야 한다

　바울은 "모든 성경은 하나님의 감동으로 된 것이라"하였다. 그리고 마이클슨 교수는 "성경은 영감된 하나님의 말씀임을 먼저 인정해야 한다. 왜냐하면 성경은 하나님이 이전 세대에서 전달한 진리를 후 세대가 알 수 있도록 하기 위해 보존할 필요가 있다고 생각하는 모든 것을 포함하고 있기 때문이다"고 말하며, "성경은 영감 받은 책이기 때문에 유일한 책이다. 그 영감에 관한 이유는 인간들에게 살아계신 하나님과의 살아있는 만남을 갖도록 하기 위해서이다"며 부언하기도 했다.

　그만큼 성경은 성경 그 자체가 하나님의 말씀이며 진리의 증거인 것이다. 그리고 그렇기 때문에 제대로 읽는 것이 무엇보다 중요하고 중요시 여겨야 한다. 성경은 하나님의 말씀은 담은 책이며 여러 사람이 하나님의 말씀을 담은 것이기에 그 글 하나하나에 각기의 특성이 있다. 하나님이 그들에게 영감을 주셔서 기록하게 하신 이유는 사람들로 하여금 하나님이 살아계심을 깨닫게 하심에 있고 하나님 자체를 제대로 알고 섬길 수 있도록 배려하신 것이다. 성경을 접하는 데 있어 하나님의 말씀을 제대로 정립하고 받아들이는 일은 그 어떤 과제보다 우선시 되어도 부족함이 없다.

하지만 그렇기에 성경을 읽고 받아들이는 일을 제대로 하지 않으면 안 된다. 성령의 영감으로 기록된 책인 만큼 성경을 읽으면서 살아계신 하나님을 만나고 체험할 수 있는 데까지 나아가기 위해서는 항상 성경에서 말씀의 원리를 찾고 해석할 수 있어야 한다. 그리고 그러기 위해서는 성경을 읽을 때는 항상 하나님의 말씀을 순수한 마음으로 겸손하게 대하는 자세를 갖추어야 하며, 성령의 지혜와 도움을 구하는 마음 자세가 우선시 되어야 한다.

"성경해석자는 무엇보다 순수한 동기와 목적을 가지고 해석해야 할 필요가 있다."

– 마이클슨 교수 –

성경을 읽을 때는 자신의 개인적 경험과 주관적 지식은 배제하면서 읽는 것이 중요하다. 자신의 주관적인 생각보다 이 말씀으로 하여금 무엇을 전하려고 하는지 말씀에 따라서 사고하고 해석하는 객관성을 유지해야 한다. 성경에 자신의 개인적인 경험이나 주관적인 지식을 넣기 시작하면 왜곡된 방향으로 해석되는 경우가 생기기도 하는데 이를 악용하여 이단을 발생되거나 사이비교주가 탄생하기도 하는 것이다.

성경에는 성경을 기록할 당시의 여러 배경과 환경, 정치적 상황과 고고학적 이해를 필요로 하는 부분도 있기 때문에 이러한 부분은 추측이나 개인적인 상황에 맞춰 읽지 말고, 권위 있는 주석이나 참고서를 찾아보거나 성경을 여러 각도에서 심도 있게 연구한 전문가의 조언을 구하는 것도 중요하다.

마이클슨 교수는 성경해석자가 갖추어야 할 기본 원리를 7가지로 정리하기도 했는데 꼭 성경해석자가 아니더라도 성경을 읽는 자는 이를 명심하는 것이 좋다.

마이클슨 교수의 성경해석자가 갖추어야할 기본 원리 7가지

1. 해석되고 있는 부분과 관련이 있는 민족이나 백성들을 파악하라.

2. 어느 시대가 해석되어야 할 자료의 가장 적절한 시간적 배경인가를 결정하라.

3. 지리적 배경을 제공하는 장소나 지역들을 점검하라.

4. 기사 속에서 증거 되는 물질문화의 대상들. 또는 사회적인 종교관계들을 주목하라.

5. 경제의 안정이나 불안정을 야기한 세력들을 검토하라.

6. 기사가 주변 환경들을 어떻게 초월하고 있는지를 살펴보라.

7. 원저자와 그의 독자들을 둘러싸고 있는 역사, 문화적 요소들과 해석자를 둘러싸고 있는 역사, 문화적 요소들 간의 유사점과 차이점을 주목하라.

성경을 제대로 읽기 위해서는 당시의 문화, 역사, 언어 등 풍부한 상식이 있어야 제대로 된 이해를 할 수 있다. 그래야 원저자가 전하려 했던 본연의 뜻을 제대로 받아들일 수 있으며, 그 말씀 안에 담긴 성령의 지혜를 고스란히 받을 수 있게 되는 것이다.

성경은 하나님의 말씀이자 하나님의 말씀을 인간의 언어로 기록된 책이기 때문에 성경을 제대로 해석하는 일은 무엇보다 중요하고 필요한 일이다. 하나님의 말씀인 성경을 정독하여 한 번 다 읽는다는 것은 말처럼 쉬운 일은 아니다. 하지만 그렇기 때문에 더욱 성경을 제대로 읽고 하나님과 예수님에 대해 제대로 알아야 한다. 그것이 기독교가 사는 방법이며, 기독교가 잘못된 방향으로 나아가는 것을 방지하는 길이다.

성경의 일부분만을 읽고, 또는 맛있는 부분만을 골라 읽고는 '나는 이제 하나님에 대해 알았어!' 라고 한다면 영양실조에 걸린 믿음을 가지는 것과 다를 바가 없다. 성경의 목록 구성부터 구약과 신약을 구분하고 구별하여 읽는 법을 제대로 습득하여 정독해야한다.

지식이 없다고 해서 신앙을 이루지 못하는 건 아니지만, 참된 신앙을 가진 이라면 신앙을 위한 지식의 필요성도 부정할 수는 없을 것이다. 그런 의미에서 성경을 제대로 읽기 위해서는 성경에 관한 공부는 불가피하다. 많은 제자들이 각기 다른 글을 써서 성경이 완성되었지만 그 모든 글들이 띄고 있는 일관성과 각기의 역할들은 신의 영역에서 이루어진 것이라고 밖에 여길 수 없는 것들이다. 성경을 대해 공부를 하고 더 심도 있게 파고 들어가다 보면 구약과 신약의 기막힌 연결고리와 진정 성경이 하나님의 말씀이라는 것을 더욱 진실로 깨닫게 될 것이라 확신한다.

일전 극동방송에 출연했을 당시 나는 성경이 최고의 자기계발서라고 말한 적이 있다. 성경이 그 오랜 시간 변함없이 가장 많이 읽힌 책이라는 것과 지금까지도 우리네 삶에 빗대어 봤을 때 그만큼 완벽하게 적용되고 작용하는 책은 없기 때문이다. 우리가 성경을 제대로 읽고 받아들인 다면 그것만으로도 우리의 삶의 가운데는 하나님으로 자리하고 있을 것이며, 의도적이든 그렇지 않든 우리의 삶은 하나님의 축복으로 가득 차 있을 것이다.

영화를 한 편 봐도 볼 때마다 놓친 부분이 보이는 법이다. 하물며 하나님의 말씀인 성경은 말할 필요도 없을 것이다.

성경을 제대로 읽자. 성경은 제대로 읽어야 한다. 대충 속독으로 넘겨버릴 수 있는 그런 책이 아니며, 결코 그래서는 안 되는 책이다. 진실로 그 안에 녹아들어 있는 말씀을 온전히 받아들일 수 있도록 다양한 공부와 노력이 필요한 책인 것이다.

성경 읽기 3단계

성경을 그저 읽고 마는 식으로 접하다 보면 성경의 진정한 맛을 결코 느끼지 못한다. 성경은 단순히 읽기만 위한 책이 아니다. 묵상을 하기도 하며, QT를 하기도 해야 한다. 허나, 자녀를 둔 엄마들이나 일반적인 교인들에게 있어 이러한 부분이 어렵게 느껴질 수도 있다. 2000쪽에 가까운 성경에는 어렵고 생소한 단어도 많기 때문에 더욱 그렇다. 그래서 이번 장에서는 누구나 쉽게 성경을 제대로 흡수할 수 있는 방법을 3단계로 나눠 설명할까 한다.

성경 읽기 1단계. 읽기

성경을 접하는 가장 첫 번째 단계는 바로 읽기다. 뭐 당연한 이야기다. 글은, 책은 읽는 것에서부터 시작해야 하는 건 너무나 당연한 이야기일 것이다. 허나, 읽기에도 요령이 필요하다. 모든 이가 같은 글을 보더라도 각자 이해하는 영역도, 방식도 다르기 때문에 이해력 수준이 다른 대상에 따라 읽는 방법도 달리 접해야 한다. 쉽게 말하자면 이해력의 수준이 가장 두드러지게 달리 보이는 연령별로 독서 단계를 달리해야 한다는 것이다.

먼저 미취학 아동은 눈보다 귀가 더 민감한 시기이며, 우뇌가 더 활발할 시기임으로 글보다는 그림으로 된 책으로 자극해주어야 한다. 성경에 대한 이야기를 글보다는 그림으로 접하게 해주며 눈보다는 엄마의 말로 이야기 식으로 들려주는 것이 더 아이들을 집중하게 만든다.

초등학생 저학년의 경우에는 적극적으로 책을 읽게 되는 시기이다. 이 시기에는 책을 분석하고 공부하게 하는 것보다 책을 읽는 것이 즐거운 일이라는 인식을 주는 것이 더 중요하다. 또한, 대략 한 페이지에서 모르는 단어가 5개 정도가 나오면 어렵다고 느끼기 때문에 흥미를 떨어뜨릴 수 있으니 부모의 독서 지도가 가장 필요한 시기이다. 성경을 접할 때는 더욱 그러하다. 이 시기에 성경이 어렵다는 인식을 받게 되면 크면서도 성경을 멀리하게 되니 성경이 재밌고 쉬운 책이라는 인식을 주어야 한다. 그리고 학교라는 단체 생활에 적응하는 단계이기 때문에 성경의 내용과 학교생활을 빗대어 설명해주는 것이 좋다. 책의 내용을 자신의 삶에 적용할 수 있고 밀접한 관계가 있음을 알려줄수록 책에 호기심을 갖게 됨을 기억하자.

초등학교 고학년에는 점차 사춘기에 접어드는 시기임으로 고민이 늘어날 때다. 외모, 성적, 가정환경 등 다른 이들과 비교해가며 고민에 빠져들 나이임으로 정신적으로 안정성을 줄 수 있도록 해주는 것이 중요하다. 감수성도 더욱 깊어질 나이임으로 성경의 감동적인 내용 위주로 알려주는 것이 좋다. 책의 내용과 자신의 처지의 공감대를 이끌어주는 것이 좋은 방법이 된다.

아이들에게 성경을 읽히는 부모님이나 선생님의 경우에는 이러한 부분을 참고해가면서 성경 읽기를 도와주면 된다.

그러면 이제 성인의 경우에는 무엇을 고려하며 읽으면 좋을까? 사실 일반적으로 어떻게 독서를 하면 좋은 지는 누구나 알고 있다. 허나 실행하는 것은 쉽지 않다. 어쩌면 누구나 다 알고 있는 사실이지만 다시 한 번 짚고 넘어가도록 하자.

■ 성경을 읽는 5가지 방법

1. 성경의 배경지식을 공부하며 읽는다.

성경을 읽을 때 가장 중요하게 보아야 하는 부분은 물론 성경 자체이지만, 성경에 대해 더욱 심도 있게 이해하기 위해서는 성경의 당시 배경을 제대로 이해하는 것이 필요하다. 무엇이든지 아는 만큼 보이는 법이다. 같은 상황을 접하거나 같은 말을 듣게 되더라도 배경 상황을 알고 있는 것과 모른 채로 접하는 것은 인식 자체가 달라진다. 성경 역시 배경을 알고 읽는 것과 모르고 있는 것은 보이는 것 자체가 달라지는 것이다.

2. 물음을 던진다.

성경을 읽으면서 궁금한 게 생겨야 정상이다. 왜? 왜? 왜? 이러한 질문들을 계속 던지면서 성경 속에서 또 다시 답을 찾아야 한다. 책을 읽으면서 궁금한 게 생기지 않는다면 그건 책을 제대로 읽고 있는 것이 아니다. 수박 겉핥기식으로만 읽고 있는 것이다. 책을 읽으면서 성경을 읽으면서 생각에 잠기고 그 생각 속에서 물음을 만들고 그 답을 찾아내야 성장할 수 있다.

3. 인물 위주로 읽는다.

성경에는 다양한 인물들이 등장한다. 각 인물의 성향을 파악해서 인물들의 입장에서 성경을 접해보면 또 다른 부분을 볼 수 있다. 특히, 성경에 등장하는 인물들의 이름에는 그들의 삶과 연관된 의미가 담겨져 있기도 하기 때문에 재밌게 접근할 수도 있다.

4. 단어의 의미를 제대로 이해하며 읽는다.

성경에는 성경 특성상 자주 쓰이는 단어들이 있기도 하며 생소한 단어들도 종종 등장한다. 성경을 읽을 때는 이러한 단어들의 그 의미를 제대로 이해하고 있어야 한다. 특히, '죄인' 같은 단어들이 자주 등장하는데 성경에서 말하는 '죄인'은 하나님 안에 속해 있지 않은 사람을 뜻하는 것처럼 성경에서 쓰이는 단어가 일반적인 의미가 아닌 다른 것을 의미하는 것도 있음을 제대로 이해하고 있어야 한다.

5. 하나님의 관점에서 읽는다.

성경에는 수많은 인물들이 등장하고, 영웅들이 등장한다. 허나 성경의 그 어떤 내용도 그 인물을 칭송하려 함이 아니고 위인 전을 만들기 위함도 아니다. 오로지 하나님의 거룩하신 일을 기록한 책이 성경이다. 무엇도 성경의 중심에 다른 인물을 두어서는 안 된다. 오직 하나님을 중심에 두고 성경을 읽어야 한다.

■ 성경 읽기 2단계. 토론하기

성경은 읽고 끝내는 것이 아니라 다른 이들과 함께 서로의 생각을 공유하고 각자의 의견을 나누는 시간이 필요하다. 성경의 특성 상 혼자 이해하고 판단 내려버리면 하나님의 뜻을 제대로 이해하는 것이 아니라 한 쪽 면만을 바라보고 이해하게 될 수도 있으며, 또한 그렇게 되면 잘못된 생각에 갇힐 수도 있게 됨으로 반드시 성경의 내용을 가지고 다른 이들과 토론하는 시간을 가지는 것이 중요하다.

토론을 할 때는 무조건 긍정적은 측면에서만 서로의 생각을 공유하는 것이 아니라 부정적, 비판적 시선을 가지고 접할 필요도 있다. 그것에서부터 또 다른 관점으로 접근할 수도 있으며 깨달을 수 있는 부분도 생기는 것이다. 가능하면 토론을 할 때는 토론의 중심을 잡아줄 수 있는 부모나 교사도 참가하는 것이 좋다.

토론을 하는 가장 중요한 포인트는 답을 내리려는 것이 아니다. 생각의 폭을 넓혀 조금이라도 더 하나님의 뜻을 이해하고 받아들이는데 목적이 있다. 누구의 생각이 자신과 다르다 하여 무시하거나 배척하지도 말고 모든 것을 수용하는 마음으로 토론에 임해야 한다.

성경 읽기 3단계. 쓰기

성경 읽기의 마지막 코스는 바로 쓰기다. 읽고 생각을 공유하고 나서는 반드시 이것에 대한 기록을 해야 한다. 기록하는 것은 기록을 갱신하는 법이다. 글로 옮겨 씀으로써 다시금 생각이 정리되고 오래 기억하게 된다.

글을 쓸 때는 키워드를 정해놓고 쓰면 훨씬 정리하기 편하다. 그날 읽었던 성경에 대한 키워드나 토론했던 주제를 가지고 글을 쓰는 것이 훨씬 잘 정리된다. 글에서는 자신의 생각을 간략히 정리하여 적어주는 것도 중요하다. 읽고 토론했던 시간에서 자신이 느꼈던 부분이나 깨닫고 공감했던 내용도 기재하도록 해야 한다.

글은 막연한 생각을 구체화 시켜주는 역할을 한다. 우리가 하루의 마무리로 일기를 강조하듯이 성경 읽기의 마지막도 쓰기로 마무리를 해야 한다. 그것이 성경 읽기의 마지막 단계인 것이다.

어떤 측면에서 보면 성경은 읽기 어렵다. 하지만 달리 보면 성경은 참 재밌는 책이다. 볼 때마다 새롭고 보는 관점에 따라 완전 새로운 책처럼 보이기도 한다. 그리고 무엇보다 볼 때마다 참으로 위대한 책이라는 것을 다시 한 번 감탄하게 한다.

하지만 그렇기 때문에 성경은 제대로 읽어야 한다. 제대로 음미해야 그 맛을 제대로 알 수 있다. 겉핥기식으로 읽어서는 몇 번은 본다 하더라도 그 맛을 제대로 알지 못한다. 하나님의 의지를 제대로 알고 싶다면, 성경을 제대로 마주하고 싶다면 이번 장에서 정리한 이 3단계로 읽어보기를 권하는 바이다.

04

기독교
인문학

믿음이란 무엇인가?

"믿음이란 무엇인가?"

이 질문에 대한 당신의 답은 무엇인가? 나는 이 질문에 대한 답을 이렇게 내리겠다.

"믿음은 믿을 수 없는 것을 믿는 것이다!"

우리는 믿음에 대한 인식을 바꿔야 한다. 믿음은 모든 증거와 근거를 바탕으로 행해지는 것이 아니다. 그것은 믿음이 아니라 신뢰다. 믿음은 믿을 수 없는 것을 믿는 것이다. 당신이 믿으려 하는 것은 당신에게 다가온다. 당신이 희망을 믿을 수 있다면 희망이 당신에게 주어질 것이며, 당신이 용기를 믿을 수 있다면 용기가 주어질 것이다. 또한, 하나님을 믿는다면 하나님으로 만들어진 모든 세상이 달리 보이기 시작할 것이다. 믿음은 이처럼 보이기 때문에 믿는 것이 아니라, 믿기 때문에 볼 수 있는 것이다. 믿음은 믿을 수 없는 것을 믿는 것이다.

믿음은 사자 굴에 갇힌 다니엘과 같은 절대 믿음이어야 한다. 외부현실에 보이는 사자를 무시하고 보려하는 빛만을 바라볼 수 있는 그런 믿음 말이다. 보이는 것만을 믿고 의지하는 것이 아닌, 그럼에도 불구하고 믿어나갈 수 있는 용기와 근거 없는 신뢰를 바탕으로 한 믿음을 가져야 한다.

이런 믿음은 외부에서 오는 것이 아니다. 하나님에 대한 믿음은 외부에서 무엇으로 인해 생기는 것이 아니다. 오직 자신 스스로가 외부의 모든 것들을 극복하고 가질 수 있는 것이다. 무엇으로 인한 믿음은 근거에 따른 신뢰일 뿐이다. 믿음은 그저 믿는 것이다. 믿음으로써 행할 수 있는 것이다. 그래서 믿지 못하는 사람은 믿는 사람이 보는 것을 절대 볼 수 없다. 믿는 사람이 이룰 수 있는 것들을 믿지 못하는 사람은 결코 이루지 못한다. 믿지 못하는 사람은 믿는 사람을 결코 이해하지 못한다. 보지 못하기 때문에. 할 수 없기 때문에.

"믿지 못하면

이해하지 못할 것이다."

− 성 아우구스티누스 −

하지만 그렇기에 믿음은 소중하고 조심히 다뤄야할 부분이기도 하다. 이러한 믿음은 결코 타인에 의한 것이면 안 되는 것이다. 믿음은 스스로부터 이루어져야 한다. 누군가에 의해 '이것은 이런 것이다'의 믿음이 생기게 되면 그건 그것에 대한 믿음이 아니라 그 사람에 대한 믿음이 되기 때문이다. 우리의 믿음은 스스로가 믿는 것에 대한 믿음이어야 한다. 누군가에게 의해 주입되고 강요된 믿음이어서는 안 된다. 그래서 우리는 종종 잘못된 신앙을 가진 목사로 인해 피해를 보는 신도들을 종종 보게 되는 것이다.

지금도 이 글을 보는 사람이 믿음에 대한 생각을 하고 있다면 이 글을 쓰는 나에 대한 믿음이 아니라, 이 글을 읽고 스스로의 내면에 들어가 자신의 믿음을 찾아야 하는 것에 집중해야 한다. 자신이 보려하는 것, 자신이 이루려 하는 것, 자신이 찾아야하는 하나님에 대한 믿음을 키워야 하는 것일 뿐, 이 글에 대한 절대적 믿음과 이 글을 쓴 나에 대한 믿음이 되어서는 안 된다는 것이다.

이 글로 인해 자신의 내면에 들어가 하나님의 음성을 듣고, 자신이 하나님의 자녀임에 대한 믿음을 키워나가야 한다. 자신만의 믿음을 키워라. 믿음으로 바라보라. 필요한 것이 있다면 그것이 하나님에게 모두 있음을 기억하고, 하나님에 대한 믿음을 키워라. 되고 싶다면 되어 있다고 믿어라. 당신 안의 신이 당신과 함께 하고 있음을 믿어라.

"우리에게 믿음의 대상으로 다가온 것에 믿음을 가질 수 없다면

자신 안에서 믿을 무언가를 찾아야 한다.

왜냐하면 무엇인가에 대한 믿음이 없는 사람은

살기에 너무 좁은 곳이기 때문이다."

– 조치E 우드버리 –

    당신 앞에 일어나는 모든 일에 우연은 없다. 모든 것은 하나님의 계획으로 행해진다. 당신의 길에서 일어난 모든 일은 인도하심을 당신이 믿고, 이 길에서 어떤 메시지를 주려 하시는 지를 당신은 생각해야 한다. 그 길에서 의문이 아닌 믿음을 키워나가고 두려움보다 용기를 가지고 나아갈 수 있다면 이미 당신은 하나님과 동행하고 있는 것이다. 그렇게 키워나간 믿음은 무엇에도 지지 않을 것이고, 나아갈 수 있다. 그 믿음으로 무엇이든 이룰 수 있다는 것을 깨달을 수 있게 된다.

    세상에 믿을 수 없는 것은 없다. 믿지 않는 것만 있을 뿐이다. 당신이 '과연'이라고 여기는 의문은 외부현실에 의한 근거일 뿐이다. 당신의 믿음에 한계란 존재하지 않는다. 우리가 말하는 믿음은 신뢰나 근거가 아니다. 절대적인 믿음이다. 믿어서 행할 수 있고, 이룰 수 있고, 만날 수 있는 것이다.

    세상에 내가 하나님의 자녀임을 선포하라. 절대적인 믿음으로 말이다.

"예수께서 이르시되

할 수 있거든이 무슨 말이냐

믿는 자에게는 능히 하지 못할 일이 없느니라 하시니"

– 마가복음 9 : 23 –

불신자는 외부현실에 길들여져 있다. 보이는 것만을 믿고, 들리는 것만을 믿으며, 가르치는 것에 길들여져 있다. 그러다보니 자연스럽게 외부적인 한계에 길들여져 있고, 외부적인 기준에서만 사고하도록 되어져 있다.

하지만 우리가 진정 하나님과 동행하기 위해서는 외부가 아닌 내면으로 들어가야 한다. 외부의 것들을 차단하고 내면의 믿음으로 보려하고, 들으려 하고, 깨달아야 한다. 그리하면 이루지 못할 것도 없고, 행하지 못할 것이 없다. 하나님이 모든 것을 능히 행하시듯 말이다.

그 무엇도 믿음에서부터 시작하라. 믿을 수 없다고 여기는 것은 외부적인 판단일 뿐이다. 진정한 믿음은 믿을 수 없는 것을 믿는 것임을 기억하라. 그 믿음이 굳건해 그 무엇도 침범할 수 없게 만들어라.

믿음의 갑옷을 입은 당신은 그 무엇도 두렵지 않고, 더 이상 불안하지도 않을 것이다. 그저 믿으라. 우리의 믿음은 그런 것이다.

기도하는 자세

우리는 기도한다. 기도로써 간구한다. 그런데 당신은 어떤 기도를 하고 있는가? 기도로 청하고, 기도로 울부짖고, 기도로 떼쓰고 있지는 않은가? 혹 기도를 하나님께 올리는 탄원서 같은 걸로 여기고 있지는 않은가?

"아무 것도 염려하지 말고

다만 모든 일에 기도와 간구로,

너희 구할 것을 감사함으로 하나님께 아뢰라"

– 빌립보서 4 : 6 –

기도하는 것은 이루어질 수 있다. 물론 기도는 하나님께 드리는 메시지 형식일수도 있고, 부탁을 드리는 형식일 수도 있다. 하지만 기도는 그러기 위해 하는 것이 아니다. 눈을 감고 주님께 '나는 OOO를 원합니다. 이루어주세요.'라고 한다고 이루어지는 소원을 비는 기도가 되어서는 결코 안 된다. 그것은 마치 어릴 적 할머니가 보름달 밑에서 물 한 그릇을 떠 놓고 소원을 빌던 것과 같은 것이다. 이러한 기도는 기도를 샤머니즘으로 만드는 행위이다.

우리가 행해야 하는 기도는 그저 '감사'의 기도여야 한다. 자신이 이루고 싶고 가지고 싶은 무엇을 위한 '원해요'의 기도가 아니라, 이미 지금 주어진 모든 것에 대한 '감사'의 기도가 되어야 하는 것이다. 부족한 것에 대한 요청, 간구의 기도가 아닌, 이미 주어진 것에 대한 감사의 인사인 기도를 말이다. 요청의 기도는 오로지 이미 주어진 것으로 무엇을 행할 것인지, 행하면 좋을지 그 답을 알려주기를 바라는 요청만을 해야 한다.

"그러므로 내가 너희에게 말하노니

무엇이든지 기도하고 구하는 것은 받은 줄로 믿으라

그리하면 너희에게 그대로 되리라"

— 마가복음 11 : 24 —

우리가 해야 하는 기도는 간구의 기도가 아니라 감사의 기도다. 주님께서 이미 그것을 주셨음에 하는 감사의 인사인 것이다. 당신이 무엇을 바랐던 주님께서는 당신에게 적절한 무엇을 가져다주실 것임을 이미 알고 있기에, 믿고 있음에 하는 감사인 것이다. 사람도 감사함을 표하면 더 해주고 싶은 게 인지상정인데 주님께서는 얼마나 기특하게 여겨 더 많은 것을 주시겠는가?

혹, 나는 매일 이미 주어진 것에 대한 감사의 기도를 올렸는데 오히려 안 좋은 일이 생겼다고 말하는 사람도 있을 것이다. 이것은 앞서 말한 자신의 믿음이 부족하다는 것을 반증하는 것이다. 자신을 속이는 기도를 해서는 안 된다. 주님을 기만하는 기도를 해서는 안 된다. '감사합니다'는 말과 생각은 누구나 할 수 있다. 하지만 진정 감사하다는 마음을 가지고 있는지, 절대적으로 그것에 대한 믿음을 가지고 있었는지는 자신은 알 것이다. 유다처럼 의심하지는 않았는가? 흔들리지는 않았는가? 진정 감사해하기는 했는가? 자신을 되돌아보아야 한다.

당신이 진실로, 진심으로 주어진 것에 대한 감사를 드리고, 진심으로 믿어 감사를 드렸는지는 당신 스스로가 가장 잘 알 것이다. 주님은 과연 당신보다 멍청하고 어리석어서 당신이 충분히 속일 수 있는 분이기에 그저 입바른 말로 '감사합니다'고 한 말에 속아 더 좋은 것을 가져다주시리라 믿는 것인가?!

그래! 어쩌면 당신은 진실로 감사를 드리고 믿었을 수도 있다. 그런데도 안 좋은 일이 생겼을 수도 있다. 그렇다면 그것은 당신의 기준으로 봤을 때 좋지 않은 일일 수 있다. 실은 오히려 당신에게 더 옳고 좋은 방향으로 인도하심일 수 있음을 기억하자. 지금 당신이 유지하려 하는 사업이 망했다면, 그 사업을 더 오래 끌고 갔을 때 당신에게 더 안 좋은 일이 생겼을 수도, 아니면 당신이 진정 가야할 길은 그 사업의 길이 아니었을 지도 모른다. 사람의 눈으로는 볼 수 있는 것이 한계가 있어 의심하고 이해가지 않는 일일지도 모르는 것이지만, 주님은 이미 모든 것을 알고 미연에 구해주신 것일 수도 있단 것이다. 우리가 그 분의 뜻을 어찌 헤아릴 수 있겠는가?

기도를 한다면 진실로 이미 주어진 것에 대한 감사함을 먼저 드려라. 겨자씨만큼의 믿음만 있더라도 산을 옮길 수 있다고 했다. 진정 모든 것은 주님과 함께 하기에 두려움이 없고 더 크게 이루어진다는 것을 믿고 감사함을 느낄 수 있다면 당신은 그 무엇에도 흔들리지 않고 나아갈 수 있다. 그런 마음으로 하는 기도여야말로 우리가 진정 행해야할 기도인 것이다.

주님은 언제나 나의 요구에 응해주는 그런 식의 기도가 아니라 이미 내게 그런 요구조차 필요하지 않는 상황임을 직시하고 감사함을 드릴 수 있는 그런 기도, 그런 기도에서 우리는 진정한 충만함과 평온함을 느낄 수 있다. 당신이 기도로 들어가 진정 내면에 그런 충만함과 평온함을 느낄 수 있다면 그 충만함과 평온함은 현실에서 일어나게 될 것이다.

"기도는 신에게로 통하는 문으로 나를 이끌었지만,

감사는 그 문을 열어 나를 신의 곁으로 데려갔다."

– 서상우(한주) –

기도를 하라. 굳이 감사한 것을 찾아 일부러 기도를 하라. 애써 시간을 내어 기도를 하고 감사함을 느껴라. 당신은 그러한 기도에서 하나님을 만날 수 있다. 하나님은 언제나 그곳에서 당신을 기다리고 있다.

우리는 항상 하나님과 함께 하고 있다. 당신이 외부세계에 집중할 때 늘 곁에 있는 하나님을 잊고 지내게 되지만, 스스로 가만히 기도에 들어갈 때 우리는 언제나 하나님을 만날 수 있다. 외부세계에 필요해 보이는 무엇도 바랄 필요가 없음을, 간구할 필요도 없음을 깨달을 수 있다.

그저, 진실로 믿고 감사해 하자. 모든 만물의 주인이신 우리의 창조주 하나님께서는 능히 그리 할 수 있음을 믿고 진실로 감사해 하면, 그저 그러면 되는 것이다.

"구하라 그리하면 너희에게 주실 것이요

찾으라 그리하면 찾아낼 것이요

문을 두드리라 그리하면 너희에게 열릴 것이니

구하는 이마다 받을 것이요

찾는 이는 찾아낼 것이요

두드리는 이에게는 열릴 것이니라."

– 마태복음 7 : 7 ~ 8 –

기다림의 미학

우리는 누구나 견디기 힘든, 극복하지 못할 것만 같은 시련을 맞이한다. 우리의 삶이라는 것은 각기 다른 것 같지만, 비슷한 색을 띄는 동일성이란 것이 있기 때문에 각자 다른 상황이지만 모두 자기 자신은 죽을 만큼 힘든 시련의 시간을 맞이한다. 세상에서 나만 불행한 것 같은 상황을 맞이하게 된다.

나 역시 그랬다. 5살 때부터 시작된 투병생활은 끊임없이 나를 좌절하게 만들었다. 30여 년 동안 투병생활을 이어와야 했고, 계속 되는 합병증은 나를 자살시도까지 하게 만들었다. 나는 울부짖었다.

'왜 나만 이런 삶을 살아야 하나요?'

'당신은 진정 존재하는 겁니까?'

'죽으면 편해질 수 있을까요?'

이 풀리지 않는 질문에 대한 갈증은 성인이 돼서도 이어져 왔다. 그러던 중 사업에 실패하면서 또 한 번의 큰 시련을 겪게 되었다. 결혼한 지 1년 만에, 첫 아이가 태어난 지 돌도 아직 안된 무렵, 사업에 실패하면서 1억 정도의 부채를 안게 된 것이었다.

나는 좌절했다. 울부짖었다. 왜 나에게만 이런 시련을 주냐고! 내가 어떻게 해야 하냐고! 왜 나를 혼자 내버려 두냐고!

왜!? 왜!? 왜!? 왜를 외치면서 울부짖었다. 그리고 나에게 답이 왔다.

'나는 언제나 너와 함께 있었느니라..'

조용히, 그리고 평화롭게 들려온 그 음성에 나는 모든 것이 이해되었다. 지난 모든 시간이 갑자기 모두 이해되었다. 나에게 주어진 모든 시련의 이유를 비로소 알게 되었다.

투병생활로 가득했던 나의 성장기를, 그 과정에서 깨닫게 된 모든 것을, 그 시간동안 읽게 한 모든 책들을 통해 작가의 길로 들어서게 만드셨다. 그렇게 나는 작가가 되었다.

우리는 하나님께 따진다. 당신의 계획을 보여 달라고 요구한다. 그저 행복하고 평온하며, 부유한 삶만을 달라 요청한다. 가장 빠르고 안전하며 보장된 길만을 보여 달라한다.

허나, 우리는 가장 평온하고 행복할 때 주님을 찾지 않는다. 그 분의 음성을 들으려 하지 않는다. 감사의 기도로 들어가지 않는다. 주어진 것을 잃었을 때 비로소 감사했던 것을 기억하고, 헤맬 때 비로소 인도하시는 그 분을 찾는다. 우리가 더 이상 헤매지 않고, 흔들리지 않기 위해서는 과정이 필요하다. 충분한 과정을 통해서만 이제 주어진다 하여도 이 모든 것은 언젠가 사라질 것임을 이해하고 바라볼 수 있는 것이다.

우리에게는 그런 과정을 거치고 준비되어야 할 기다림의 시간이 필요하다. 그 기다림에서 배우고, 깨달으며 흔들리지 않은 굳건만 믿음과 용기가 생겨나는 것이다. 흔들려 본 적 없는 나무는 쉽게 꺾이며, 벌어본 적 없는 돈은 쉽게 나가며, 아파본 적 없는 사람의 면역성은 약하다. 예방 접종의 원리는 약간의 바이러스를 주입하여 그 바이러스에 대한 면역성을 만들어내는 것에 있다. 그렇게 주님께서는 기다림의 시간이라는 면역성을 만들어주고 계신 것이다.

빨간 신호등 앞에서 파란 불이 되기까지 기다리는 것은 지겹다. 1분, 1초가 더디게 가는 것만 같다. 결국 이 시간을 못 참고 신호위반을 하는 사람도 있고, 슬금슬금 정지선을 넘어서면서 곧 바뀔 파란 신호등에 맞춰 잽싸게 달려 나갈 채비를 하는 사람도 있다. 또는 반대로 신호등은 신경 쓰지도 않고 그 시간동안 거울을 보거나, 휴대폰을 만지고 있다가 파란 불이 되어도 출발하지 않고 그 자리에 멈춰 서 있는 사람들도 있다. 이것은 모두 바람직한 기다림의 자세가 아니다.

주님께서 주시는 기다림의 시간이란 건 초조한 마음으로 파란불을 기다리는 것도, 파란불이 들어오든 말든 관심을 두지 않는 것도 아니다. 파란불을 맞이할 충분한 준비의 시간을 선물하신 것이다. 기다림의 시간을 견디지 못해 준비가 덜 된 상태로 출발해버리는 것도, 남들보다 뒤쳐질까봐 초조해 슬금슬금 나아가는 것도, 때가 되면 나아가야 하건만 관심을 딴데 돌려 때를 놓치게 되는 것도 진정 기다리고 있다고 말할 수 없다.

기다림도 믿음이 관철되어 있어야 하는 것이다.

'분명 때가 온다'

'하나님이 쓰실 날이 온다'

'충분히 준비가 되면 분명 신호를 보내주실 것이다'

이 마음으로 언제나 신호를 받을 준비를, 신호를 받아 그 때는 굳건한 믿음으로 달려 나갈 준비를 하는 기다림이어야 한다.

"주께서 이르시되

가라 이 사람은 내 이름을 이방인과 임금들과 이스라엘 자손들에게 전하기 위하여 택한

나의 그릇이라"

– 사도행전 9 : 15 –

욥기서는 장마다 고통스러운 오랜 기다림에 대해 이야기한다. 욥은 사탄의 갖은 공격과 모략에도 신실한 믿음의 말로 대응한다. 욥기에서 등장하는 사탄은 어쩌면 지금 우리 삶의 환경을 뜻할 지도 모르겠다. 건강, 경제력, 사람 등 어쩌면 사탄보다 더 힘들게 만드는 현실 세계의 환경은 우리가 주님을 잊기를 요구하고 있는 것이다.

하지만 우리는 그럴 때마다 욥기와도 같은 신실함과 믿음으로 기다려야 한다. 충분히 준비하고 언제든 부름에 달려 나갈 수 있는 그런 기다림 말이다. 오히려 이 기다림을 즐기고, 행복해하며, 메시지에 귀를 기울이는 것, 이것이 우리가 가져야할 기다림의 자세일 것이다.

기다리자. 즐거이, 기꺼이 기다리자. 주님은 모든 이를 쓰신다. 어디에 무엇으로 쓰실 지는 누구도 모르지만, 분명한 건 모든 이를 귀하게 쓰실 것이란 것이다. 그러니 무엇에도 초조해하지도 말고, 답답해하지 말고 그저 행복하게 믿음으로써 기다리자. 누구도 아닌 하나님의 약속이니 말이다.

Chapte

05

크리스천
인문학 I
: 읽기

크리스천의 독서

　스마트폰의 보편화로 인해 갈수록 독서하는 사람들이 줄어들고 있다. 다양한 미디어가 쏟아져 나오는 탓에 독서보다는 미디어에 더 열광하기 시작했고, 그러다보니 책과의 시간은 점차 더 줄어들었다. 2008년도부터 2014년도까지의 성인 평균 독서량을 보면 2008년도에는 평균 11.9권을 기록했지만, 2014년도에는 평균 9.2권을 기록하면서 계속해서 하락세를 보이고 있다. 직장인, 청소년들의 평균 독서량도 성인 평균 독서량보다는 높았지만 하락세인 것은 별반 다르지 않았다.

　예전에는 취미생활이 뭐냐고 물어보면 대부분 '음악 감상', '영화 감상', '독서' 이 세 가지를 손꼽았지만 '독서'는 이미 3대천왕의 자리를 내어준 지 오래다. 치열하고 바쁜 시간을 살아가는 이들에게 취미생활은 이런 시간들을 버텨온 자신에게 스트레스를 풀어주고 활력소가 되어줄 수 있어야 하는 것들이어야 하지만, 가만히 앉아서 하는 독서는 그런 점에 있어서 큰 어필을 하지 못한 것이다.

하지만 이것은 사람들의 가장 큰 착각 중 하나이다. 영국 sussex대학에서 한 그룹의 지원자들을 대상으로 독서, 음악, 커피, 산책, 비디오 게임 중 어떤 취미가 가장 스트레스 수준을 떨어졌는지를 알아보았는데 결과는 독서 68%, 음악 61%, 커피 54%, 산책 42%, 비디오 게임 21%로 독서가 가장 스트레스 수준을 저하시켰다. 게다가 독서가 알츠하이머병의 예방을 기대할 수 있다는 연구 보고도 나오고 있는데 독서하는 습관을 가지고 있는 사람에게는 알츠하이머병의 원인이 되는 '베타 아밀로이드'가 굉장히 적게 발견됐다는 것이다. 독서가 스트레스를 해소하는 데 있어 별로 좋은 취미가 아니라고 여겼겠지만 독서는 '마음의 양식'의 정신적인 양식이 되는 것을 넘어 육체까지 건강하게 해주고 있는 것이다.

사실 독서는 취미생활로 정하고 특별히 시간을 내서 하는 것이 아니라 일상생활처럼 여겨야 한다. 일부러 시간을 내서 특정 한 권을 정해서 마음먹고 처음부터 끝까지 읽어 나가는 것이 아니라 하루에 어느 정도씩 꾸준히 읽어주는 것이 좋다. 하루에 삼시세끼 밥을 먹고 디저트를 먹듯이 말이다.

독서를 단순히 글을 읽는 거라 여길 수도 있지만 책을 한 권 읽는 다는 것은 한 사람의 사상과 신념을 이해하게 되는 의미다. 한 사람의 사상과 신념을 이해하게 된다는 것은 한 사람의 살아온 인생을, 시간을 함축적으로 받아들이게 된다는 의미이다. 그것은 다른 의미로 남을 이해할 수 있는 능력을 갖게 되고 사고를 넓힐 수 있게 된다는 뜻이다.

글쓰기 수업을 하다보면 학생들의 글을 첨삭하는 경우가 종종 있는데 글을 보다보면 신기하게도 글에는 글을 쓰는 사람의 말투, 성향, 신념, 버릇, 사상 등 모든 것이 담겨져 있다는 것을 느낄 수 있다. 자신도 못 느끼지만 자신이 쓴 글에 자신이 고스란히 담겨지는 것이다. 한 문장, 한 단어의 선택에도 그것이 담겨져 있다. 그런데 하물며 한 권의 책을 본다는 것을 한 사람의 인생을 들여다본다 해도 과언이 아닌 것이다.

독서만큼 시공간을 초월한 가르침을 받을 수 있는 것도 없다. 우리는 누구나 성공한 사람들을 만나 그들의 가르침을 받고 싶어 한다. 기회가 된다면 오바마나 엠제이 드마코, 김연아나 박지성 같은 이들을 만나 얘기를 들어보고 싶지 않은가? 하지만 그들을 직접 대면하는 것이 아니더라도 그들이 쓴 책을 통해 우리는 그들을 만날 수도 있고, 그들의 이야기를 들을 수 있다. 그들뿐만 아니라 이미 이 세상 사람이 아닌 과거의 유명인사들도 만날 수 있는데 데일 카네기나 스티브 잡스처럼 역사에 한 획을 그은 과거의 인물들까지 만날 수 있는 것이다.

책은 이처럼 시공간을 초월한다. 꼭 그들을 직접 만나야만 그들의 이야기를 들을 수 있는 것은 아니다. 이미 그들은 자신들의 이야기를 책으로 대신 말해왔고, 책 속에 자신들이 그렇게 해낼 수 있었던 모든 노하우를 담아 놓았다. 우린 그저 언제 어디서든 책을 펼쳐 그들을 만나기만 하면 되는 것이다.

독서는 이야기가 있고 깨달음이 있다. 짧은 만담부터 시작해서 즐거운 이야기, 무서운 이야기 그리고 일상적인 이야기, 깨달음을 주는 이야기 등 실생활에서 접하지 못한 이야기를 들을 수 있다.

또한, 독서는 뇌의 한부분이 아닌 모든 부분을 활성화 시킨다는 과학적인 연구 결과가 있다. 두정엽, 측두엽, 전두엽 소뇌 등 모든 뇌의 부위를 발달 시켜 의사소통이나 머리가 좋아지는 데 영향을 미친다는 것이다.

한국어, 영어, 일어처럼 표음문자를 사용할 때 뇌는 전두엽, 측두엽, 두정엽이 특히 활성화된다고 한다. 반면, 중국어 같은 한자를 사용할 때는 브레인 이미지로 수천 개를 읽어야 하므로 후두엽과 측두엽이 주로 활성화 된다고 한다.

이처럼 언어의 구조에 따라서도 뇌의 활용부위가 달라지지만 무엇을 읽느냐에 따라서도 뇌가 달라진다고 한다. 초보 독서가인 아이들이 책을 읽을 때 뇌를 촬영해 보았더니, 뇌의 활성화정도도 높고, 영역도 넓게 나왔다. 아이들은 문자와 단어를 식별하고 의미를 이해하기 위해 뇌의 많은 영역들을 사용하는 것이다. 아이들은 한글을 이해하는 뇌의 경로가 매우 느리고 효율이 떨어지는 배측 경로를 사용했는데 그 이유는 음소조합 즉, 글의 의미를 전부 검색하느라 시간을 소모했다는 것이다. 쉽게 말해 문자의 일차적인 이해를 위해서만 뇌를 사용한 것이다.

하지만 숙련된 독서가의 뇌는 시각정보, 음운론적 정보, 의미론적 정보를 눈 깜박할 사이에 인출하는 방법을 이미 터득하고 있다. 독서에 능숙해진 뇌는 문자 해독이 잘 구축된 자동화시스템에서 순식간에 해결하고 그렇게 확보한 시간을 은유, 추론, 유추, 감정, 기억, 경험적 배경을 통합하는 좀 더 고차원적인 의미해석을 위해 활용하는 것이다. 몰입하여 책을 읽을 때 뇌에서 '도파민'이라는 신경전달물질이 분비되어 집중력이 강화되고 뇌의 활성도가 높아지고 다시 재활성 되면서 모든 정보연결, 처리가 빠르다고 한다.

세계최고의 발달 심리학자이자 독서연구가인 '매리언 울프'는 "숙련된 독서가에게 주어진 시간이란 선물은 끝없이 기상천외한 사고를 할 수 있는 능력에 있다"고 할 정도이니 독서의 장점은 더 설명할 필요가 없을 정도이다.

자, 그렇다면 이번에는 크리스천의 시선으로 돌아가 왜 크리스천은 꼭 책을 읽어야 하는가?

그 이유는 크게 5가지로 나눠 설명할 수 있다.

1. 하나님과 인간 세상에 대한 지식을 확장시킬 수 있다.

크리스천은 심도 깊은 독서를 함으로써 하나님과 우리가 살아가는 인간 세상에 대한 지식과 의식을 확장 시킬 수 있게 된다. 성경에서 채 이해하지 못했던 부분이나 설교에서 채우지 못한 지식층을 독서를 통해 확장시킬 수 있는 것이다.

크리스천에게는 이 부분이 정말 중요하게 작용하는데 크리스천은 절대 믿음이 중요한 만큼 제대로 된 지식과 의식을 채워두지 않으면 잘못된 믿음으로 이단으로 빠질 수도 있기 때문에 심도 깊은 독서를 통해 흔들리지 않는 깊고 단단한 뿌리를 박아두어야 하는 것이다.

2. 영혼의 치유를 경험할 수 있다.

세상 만물을 하나님의 창조물이다. 지나가다 우연히 흘러나오는 음악에서, 지금 읽고 있는 이 책 속에서 당신은 하나님을 만날 수 있다. 특히 책 자체가 전달의 매개체인 만큼 책을 통해 하나님의 진정한 메시지와 말씀을 전달 받을 수 있다. 독서를 통해 하나님의 말씀을 접하게 되면 영혼의 치유를 경험할 수 있게 된다.

3. 자신의 사명과 목적을 찾고, 이룰 수 있는 계기를 마련하게 된다.

책 속에 길이 있다 하였다. 책을 통해 자신의 사명과 목적을 찾는 경우는 굉장히 많다. 또한, 책으로 미션을 행하는 사람들도 적지 않게 있다. 아직 자신의 진정한 사명과 목적을 찾지 못했다면 더욱 책을 가까이 두어야 한다.

4. 내적 성숙과 외적 발전에 도움이 된다.

독서를 많이 한 사람과 독서를 하지 않는 사람은 분명한 차이가 있다. 독서를 하지 않는 사람은 갈수록 귀가 닫히게 되고 아집과 고집 속에서 살아가게 된다.

하지만 책을 가까이 두고 많은 독서를 하는 사람은 언제나 열린 마음으로 살아간다. 그 덕에 내적으로는 성숙되어져 가고, 외적으로는 박식한 면모를 드러내게 된다. 이처럼 독서는 내적으로도 외적으로도 성장하게 해주는 거름이 되어준다.

5. 믿음의 활력소가 된다.

독서는 더욱 강건한 믿음을 가지게 하는 믿음의 활력소가 되어준다. 인간은 끝없이 의심하는 동물이다. 주님을 믿는다 하면서도 세속적인 문제가 일어나면 '왜 나를 버리시나이까?'하며 주님을 의심한다.

하지만 책을 가까이 하게 되면 책을 읽으면서 더욱 믿음을 굳건하게 만들 수 있게 되고, 다시 한 번 믿음을 탄탄하게 해주는 계기가 된다. 책 속의 간증을 통해서 말이다.

책을 읽으면서 재차 하나님의 살아계심을 확인하게 되고, 이 확인은 더욱 믿음을 굳건하게 해주는 것이다.

독서의 장점은 입이 닳을 정도로 해대도 끝이 없다. 그럼에도 바빠서 책을 읽을 시간이 없다는 핑계로 책을 가까이 하지 않는 사람들이 넘쳐난다. 하지만 가만히 바쁘게 지내온 하루를 뒤돌아보면 분명 책을 읽을 수 있는 시간은 존재했다는 것을 알 수 있다.

아침에 눈을 떠 출근준비를 하고 회사로 이동하여 일을 시작한다. 곧 점심시간이 되어 동료들과 점심을 같이 먹고 디저트로 커피 한 잔을 하며 동료들과 수다를 떤다. 점심시간이 끝나자 다시 일로 복귀하여 근무를 하고 어느새 날이 저물면 퇴근을 하게 된다. 퇴근을 하고 별 약속이 없던 당신은 바로 집으로 들어와 씻고 저녁을 차려 먹는다. 저녁을 먹고 난 뒤 TV나 컴퓨터를 하며 시간을 보내다가 잠자리에 든다.

조금 다를 수는 있겠지만 직장인의 하루는 일반적으로 이렇게 흘러갈 것이다. 그런 하루를 보낸 당신에게 분명 책을 읽을 시간은 없어 보이기도 한다. 하지만 조금만 짬시간을 찾아보면 하루에도 충분히 어느 정도의 책을 읽을 수는 있다. 숨어있는 그런 짬시간을 이용하기만 해도 하루에 30분 이상 책을 읽을 수 있다. 30분이면 사람마다 다르겠지만 평균 50쪽 이상은 읽을 수 있는 시간이다. 하루에 50쪽이면 책 한 권이 평균 300쪽이라고 한다면 일주일이면 책 한 권을 읽을 수 있는 것이다. 일주일에 책 한 권이면 당신은 한 달에 4권의 책을 볼 수 있으며 일 년이면 48권의 책을 읽게 되는 것이다.

숨어있는 짬시간이라고 하는 것은 찾아볼수록 많이 있다. 아까의 하루를 보낸 직장인을 보며 짬시간을 찾으라고 한다면 이런 시간들을 찾을 수 있을 것이다.

'출근하는 이동 길'

'점심 먹고 동료들과 커피를 마시는 시간'

'화장실에서 큰 볼일을 보는 시간'

'밥 먹고 TV나 컴퓨터를 하는 시간'

'잠들기 직전'

짬시간은 찾아보려고 한다면 더 많이 찾을 수 있을 것이다. 자신이 책을 읽을 마음만 있다면 말이다. 평소 일어나는 시간보다 10분만 먼저 일어나도 조금의 책을 읽을 수 있을 것이고, TV나 컴퓨터 대신 책을 펼칠 수도 있다. 책을 읽지 못하는 것은 시간이 없어서가 아니라, 자신의 우선순위에 책이 없기 때문인 것이다. 아무리 바쁜 사람이라도 보려고 마음만 먹는다면 한 달에 4권은 거뜬히 읽을 수 있다.

책에는 힘이 있다. 책은 누군가의 일생을 고스란히 담기도 하기 때문에 누군가의 일생을 바꿀 수 있을 만한 힘이 담겨 있다. 시인이었던 윌리엄 워즈워스는 "책은 한 권 한권이 하나의 세계다."라고 말했다. 그만큼 책에는 많은 것들이 담겨져 있다.

책은 그 무엇보다 가장 가까이에 두고 자주 찾아야 할 스승이자 영양제이다. 더 이상 책 읽을 시간이 없다는 핑계로 책을 멀리하지 마라. 책 속에 당신을 구원해줄 길이 있으며 당신의 삶을 뜨겁게 밝혀줄 기름이 담겨있다.

"내게 독서는 예전이나 지금이나 혁명적인 행위다.

독서는 나의 마음을 넓혀주며

영혼의 혁명, 정신의 혁명, 사회의 혁명 등에 필요한 도구들을 제공한다.

독서하고, 배우고, 꿈꿔라."

– 버티스 베리 –

다독보다 정독

"책 읽는 방법을 묻자, 선생께서 말씀하셨다. 완전히 자기 것을 만들 때까지 읽어라. 무릇 글을 읽는 사람이 글의 뜻을 환히 알아도 자기 것으로 만들지 않으면, 금방 읽고 금방 잊어버려 마음에 간직할 수 없게 된다. 배우고 나서 자기 것으로 만들 때까지 노력한 다음에야 바야흐로 마음에 간직할 수 있어서 그 맛에 흠뻑 젖어 들 수 있다."

퇴계 이황 선생의 말씀이다.

'책을 읽는다' 함은 무조건 빨리(速讀), 많이(多讀) 읽는다고 해서 좋은 것이 아니라, 한 권이라도 제대로 바르게(正讀) 읽어야 한다. 영화도 두 번, 세 번 볼 때마다 못 봤던 장면들이 눈에 보이듯이 책도 두 번, 세 번 볼 때마다 새롭게 해석되는 부분이 있기도 하고, 놓쳤던 부분이 보이기도 한다. 그래서 퇴계 이황 선생께서도 완전히 자기 것이 될 때까지 몇 번이고 읽으라고 하셨는지도 모르겠다.

시대는 갈수록 더욱 빨라지기를 원한다. 가능한 빨리, 그리고 많은 정보를 섭취하길 바란다. 날마다 쫓기는 듯한 바쁜 일상생활에서 홍수처럼 쏟아져 나오는 정보들은 모두 섭취하려면 어쩌면 가능한 빨리, 많이를 원하는 것은 당연한 것일지도 모르겠다.

허나 책만큼은 이와 다르다. 독서만은 예외로 취급해야 한다. 물론 내일까지 많은 자료를 읽고, 보고서를 작성해야 하는 상황이라면 속독이나 통독이 불가피하다. 허나, 업무처리적인 부분이 아닌 삶의 질 향상을 위한 독서에서는 충분한 시간을 들이고 독서의 필요성보다는 즐거움을 찾아가면서 하는 것이 무엇보다 중요하다. 필요함을 인지해 책을 들지만, 책을 펼치는 순간부터 책에서 즐거움이 아니라 스트레스와 부담감을 느끼게 된다면 차라리 읽지 않는 게 더 나을 테니 말이다.

간혹 한 달에 몇 권을 읽었다는 둥, 1년 동안 몇 권의 책을 돌파했다는 식의 자랑을 늘어놓는 사람들이 있다. 책은 읽은 부수가 중요한 것이 아니다. 100권을 속독한 사람보다, 1권의 책을 정독한 사람이 더 나을 수 있는 것이다.

물론 100권의 책을 정독하여 충분히 책을 받아들였다면 그보다 더 좋은 건 없겠지만, 그저 겉핥기식으로 빨리 읽기만 한 사람이라면 기름기만 섭취한 것과 마찬가지인 것이다. 마치, 음식 빨리 먹기 대회에 참가하는 사람과도 같다. 맛을 느끼지 않고 배만 채우기 위해 음식을 먹는 것으로도 생각할 수 있겠다.

독서는 당장 내일을 위한 벼락치기 독서가 되어선 안 된다. 5년, 10년 지금 이후 앞으로의 삶을 위한 독서가 되어야 한다. 읽은 한 권의 책으로 인해 생각의 폭이 넓어지고, 깊이를 더해주고, 지식을 확장 시킬 수 있어야 하는 것이다. 칸트나 헤겔이 평생 동안 읽은 책이 얼마 되지 않는다고 해서 그들을 무지하고 어리석다고 말할 수 있겠는가?

자, 그렇다면 책을 제대로 바르게 읽는, 정독의 방법은 무엇일까? 정독의 방법에는 세 가지가 있다. 이를 꾸준히 반복하다보면 단 한 권의 책을 읽는다 하더라도 제대로 섭취할 수 있게 된다.

정독의 방법

1. 계획적인 독서

정독의 첫 번째 방법은 계획적인 독서다. 계획적이라 함은 본인이 정한 매일 일정한 시간, 혹은 일정한 분량을 꾸준히 읽는다는 것이다. 하루에 독서량이 많을 필요는 없다. 하루에 10분에서 15분 정도를 매일 읽는 다면 읽는 속도가 느리다 하더라도 한 달이면 충분히 한 권의 책을 읽을 수 있다. 허나 주의해야 할 것은 계획적인 독서의 목적은 한 달에 한 권의 책을 읽는 것이 아니다. 매일 읽는 것이다. 적지 않은 양이라 하더라도 매일 독서를 하는 습관을 들이는 것이 가장 중요하다.

사람의 기억력은 그리 길지 않기 때문에 한 번에 많은 양을 읽고 다음 부분을 읽기까지 공백이 길어지면 앞에 내용이 기억나지 않게 되고, 그리되면 다음 부분에서도 이해력이 떨어지게 된다. 책 한 권을 제대로 받아들이기 위해서는 매일 꾸준히 이어서 보는 것이 중요하다. 작가가 한 권의 책을 구상하고 집필할 때는 부분, 부분만을 생각하고 집필하는 것이 아니라 책 전체적인 흐름을 생각하여 집필하기 때문에 책을 읽을 때는 끝까지 흐름을 유지하면서 읽는 것이 책을 이해하는 것에 도움이 된다.

아침에 일어나 10분 잠깐 독서를 하고 하루를 시작하는 것도 좋고, 점심을 먹고 잠시 쉬는 시간에 10분가량 책을 읽는 것도 좋다. 어느 때이든 본인이 정한 시간대에 꾸준히 반복하여 독서의 시간을 갖도록 하자.

2. 정리하는 독서

학창 시절 과제로 독후감을 써본 경험은 누구나 있을 것이다. 그렇다면 독후감은 왜 쓸까?

독후감은 쉽게 말하자면 읽은 책을 정리하는 것이라 볼 수 있다. 핵심 내용을 간추려 느낀 점과 더불어 정리하는 것이 독후감인 것이다.

독후감을 쓰는 이유는 그렇게 정리하면서 훨씬 오래 남기 때문이다. 기록하는 것은 기록을 갱신한다. 우리는 눈으로 읽었을 때보다 글로 쓸 때 훨씬 오래 기억할 수 있다. 그것은 눈으로 읽을 때보다 글로 쓸 때 뇌가 더 활발하게 신호를 주고받기 때문인데, 쉽게 말하자면 읽을 때보다 쓸 때 뇌가 더 활성화 된다는 소리이다.

매일 일정한 분량을 읽었다면 읽은 부분을 키워드로 정리해보는 것이 좋다. 오늘 읽은 부분은 어떤 핵심 키워드로 정리할 수 있는지, 한마디로 정리하자면 무슨 내용이었는지 정리해보도록 하자. 그렇게 정리하면서 다시 한 번 읽은 내용을 상기시키고 더욱 깊이있게 내 것으로 만들 수 있게 된다.

3. 행동하는 독서

독서의 가장 중요한 부분은 읽음에 그치지 않는 것이다. 읽고 알고 있기만 한다면 책의 값어치를 떨어뜨리는 행위를 하고 있는 것이다. 독서가 삶의 질을 향상시킨다는 것은 책에서 배운 것들을 자신의 삶에 적용시킬 때 가능한 얘기다. 읽기에만 급급하고 읽은 부분을 삶에 적용하지 않는 다면 책을 읽으나 마나한 것이다. 그렇기 때문에 책을 읽었다면 읽은 부분을 자신의 삶에 어떤 식으로 적용시킬 수 있을지, 혹은 자신의 삶과는 어떤 연관이 있는지를 묵상하는 시간을 가지도록 한다. 그리하여 최대한 깨달은 부분을 자신의 삶 속에 녹여줄 수 있도록 해야 한다.

몰라서 못하는 것과 알면서 안하는 것은 다르다. 몰랐기 때문에 책을 읽었다면 이제 알게 된 부분을 삶에 적용시키도록 하자. 우리는 누구나 말로만 행하는 사람을 좋아하지 않는다.

정독에 대해 다시 한 번 정리하자면 1) 매일 일정한 시간, 분량을 읽고, 2) 읽은 부분은 키워드 형식으로 정리하고, 3) 읽은 부분을 삶에 적용하는 것이다. 이런 식으로 한 권, 한 권 정독해나가다 보면 어느 순간 자신이 세상을 바라보는 시야가 굉장히 넓어졌음을 깨닫게 될 것이고, 자신도 모르는 사이 당신을 존경하고 당신의 삶을 동경하는 이가 생겨날 것이다.

이러한 모습은 크리스천에게는 반드시 필요한 삶의 모습이다. 백 마디 전도의 말보다 이러한 존경스런 삶의 모습이 더 하나님의 곁으로 인도할 테니 말이다.

책을 읽자. 그리고 제대로 읽자. 좋은 내용은 좋은 그대로. 그렇지 않은 내용은 좋은 내용으로 바꾸면서 그렇게 제대로 읽자.

읽고 끝낼 것인가?

 독서의 가장 큰 의미는 읽는 것에 있지 않다. 독서는 새로운 무언가를 읽고 깨달았다면 이것을 삶에 적용하는 것에 가장 큰 의의가 있다.

 이러한 부분은 크리스천이라면 더욱 잘 알고 있다. 아무리 하나님을 영접하고 성경을 읽는다 하더라도 삶 자체에 이를 적용하지 않고, 삶의 가운데에 주님을 두지 않으면 진정한 크리스천이라 할 수 없다. 진정한 크리스천은 아직 주님을 만나지 못한 불신자들에게 믿음의 사람의 삶이 어떻게 다른지, 그러한 삶을 사는 사람이 어떻게 변화하는 지를 보여주어야 한다. 말로만 믿음을 전하고, 성경구절만 달달 외우고 있다 하더라도 삶에 예수님의 가르침을 온전히 녹여 살아가지 못한다면 오히려 주님을 욕되게 한다는 것을 잘 알고 있으니 말이다.

크리스천은 성경을 비롯하여 감명 깊게 본 책이 있다면 반드시 삶에 그 부분을 녹여야 한다. 물론 책에서 무언가를 깨달았다고 해서 하루아침에 모든 것을 바꿀 수 있는 것도, 100% 적용할 수는 있는 것도 아니다. 그러나 꾸준히 자신을 피드백하고 적용하려고 하다보면 어느새 자연스럽게 변화되어있는 자신을 발견할 수 있다.

몇 해 전, 목사님의 설교말씀을 듣던 중 '감사일기'의 중요성에 대해 듣게 되었다. 말씀을 듣고 크게 감명하여 반드시 삶에 적용해보기로 마음먹었다. 그래서 그 날 저녁부터 배우자와 딸아이와 함께 매일 저녁마다 자기 전에 오늘 감사했던 일을 3가지씩 쓰기로 했다.

처음 우리 가족은 3가지씩 감사한 일을 쓰는 것이 어색했다. 감사했던 일은 쉽사리 떠오르지 않았고 딸 역시 매번 3가지의 감사한 일을 떠올리는 일에 힘들어했다. 하지만 그럼에도 빼먹지 않고 매일 매일, 그렇게 일주일, 한 달, 두 달이 다 되어가도록 감사 일기를 써나갔다.

그러자 변화가 시작되었다. 처음에는 3가지의 감사한 일을 쓰는 것도 버거워 하던 딸은 어느새 매일 10가지가 넘는 감사 일기를 적기 시작했고, 우리 가족은 감사 일기를 쓰면 쓸수록 감사한 일의 목록이 늘어가는 것을 체험하게 되었다. 그리고 이제는 저녁 무렵이 되면 딸이 먼저 "아빠, 엄마! 감사일기 써요!"라며 먼저 감사 일기를 적을 것을 권했다. 초기에 감사한 일을 떠올리기 힘들어 일기를 쓰기 싫어하던 딸의 모습은 이제 찾아볼 수 없었다. 어느새 책 속의 가르침이 삶 속에 고스란히 녹아 있는 것이다.

우리는 삶 속에 하나님의 가르침을 고스란히 녹여야 한다. '천천히 깊이 읽는 독서법'의 저자인 강준민 작가는 자신의 책에서 이렇게 말했다.

"우리 자신을 만나는 길은 하나님 말씀 앞에 우리 자신을 노출시키는 것입니다. 하나님의 말씀을 통해 우리 자신이 읽혀지는 것입니다."

그의 말 그대로 우리는 우리의 삶을 통해 하나님의 말씀을 전해야 한다. 백번 말하는 것보다 자신의 삶 자체를 통해 하나님의 가르침을 전달하는 것이 더욱 설득력이 있으며 중요한 것이다.

우리는 항상 큐티(Quiet Time)을 강조한다. 우리가 큐티를 중시여기고 강조하는 이유는 무엇인가?

큐티(QT)의 사전적 의미는 이렇다.

> "조용한 시간과 장소에서 기도와 말씀 묵상으로 하나님과 1:1로 교제하는 시간을 말한다. 큐티에는 3가지 요소가 있는데 1. 묵상 2. 적용 3. 나눔이 그것이다. 즉, 큐티를 한다 함은 나만의 조용한 시간을 통해, 성경 말씀을 깊이 묵상하고, 그 묵상한 내용들을 삶에 적용함으로써 삶의 변화와 성숙을 이루며 동시에 그러한 영적인 은혜를 이웃과 나눔으로써 공동체 전체를 세우게 된다. 큐티를 '경건의 시간', '주님과 나만의 시간'이라고도 한다."
>
> – 출처 '네이버 지식백과' –

큐티의 3가지 요소 중 2번째 바로 '적용'이다. 큐티의 사전적 의미에서 드러나 있는 것처럼 우리는 묵상한 내용, 혹은 독서한 내용들을 삶에 적용해야 한다. 단지 읽고 끝이 아니라, 읽고 깨달은 내용은 삶에 반드시 적용하도록 해야 한다. 그것이 독서의 참된 의미이자, 주된 목적이다. 하나님의 참된 자녀로서 살아가는 삶의 진실된 방향인 것이다.

책을 읽는 것은 개인적으로 보면 개인적인 삶의 성공을 위한 척도가 되며, 책을 읽는 나라는 그 나라를 부강하게 만들며, 책을 읽는 교회는 교회가 부흥하고 양질의 성장을 할 수 있게 한다. 그러나 이 모든 말들은 읽는 것에 그치는 것이 아닌, 책을 읽고 그 배움에 따른 행동이 따랐을 때 가능한 일이다.

독서의 가치는 행동에 있다. 목회자와 성도들이 다양하고 계획적인 독서를 한다 하더라도 이 모든 것의 가치는 읽고 난 뒤에 존재한다. 독서의 질과 양이 아닌 얼마나 가르침대로의 행동을 하느냐에 따라 그 독서의 질도, 양도 빛을 발할 수 있는 것이다.

06

크리스천
인문학 II
: 쓰기

크리스천의 글쓰기

글을 쓸 때의 가장 중요하게 여겨야 할 것은 이 글을 통해 '무엇을 전달하려 하는가?'이다. 그 중에서도 크리스천이 글을 쓸 때는 더욱 이 부분을 중요하게 여겨야 한다. 크리스천이라 엄격한 기준을 적용받기도 하며, 자신이 하는 일과 쓰는 글이 주님을 빛나게 할 수도 있지만, 욕되게 할 수도 있음을 늘 기억해야 한다.

그렇다면 크리스천은 글을 쓸 때 어떤 점을 유의하면서 쓰면 좋을까?

1. 성경에 대한 내용을 제대로 이해하고 인용 or 해석해야 한다.

제대로 된 성경지식이 없는 상태에서 글을 쓰게 되면 글뿐만 아니라, 성경 자체를 왜곡하게 되어 잘못된 가르침을 퍼뜨릴 수도 있게 된다. 이단이 아무리 말을 잘하고 글을 잘 써도 참된 성도에게는 아무런 가치나 유익이 없는 것처럼 무지에서 비롯된 결과도 크나큰 잘못으로 이어지게 된다. 이단의 그런 행위는 이단이기에 오히려 받아 들이지지 않겠지만 크리스천의 글은 다른 성도에게 큰 혼란을 주게 됨으로 더 큰 파장을 일으키게 됨을 잊지 말자.

또한, 중의적인 표현은 글쓴이의 의도와는 다르게 해석되는 경우가 많으니 적절한 단어가 아닌, 정확한 단어 선택으로 글을 쓰도록 하는 것이 중요하다.

2. 글 가운데 하나님을 두라.

모든 의식주에서 하나님의 영광을 생각하는 것이 크리스천이다. 또한, 글을 쓰거나 어떤 행위와 직업을 선택할 때에도 양심이 허락하는 최소한을 지키며 하나님을 가운데 모셔두는 것이 크리스천이 해야 할 가장 원초적인 행위이다. 글쓰기 하나에도 이 글로 하나님께서 무엇을 전달하려 하시는지, 무엇을 행하려 하시는 지를 늘 물어야 한다.

3. 신앙에 대한 정확한 가치관을 지니고 있어야 한다.

신앙에 대한 정확한 가치관을 가지고 있지 못하면 예수님의 복음을 제대로 전달하지 못하게 되고, 잘못된 주장으로 왜곡된 복음을 전할 수도 있다. 신앙에 대한 정확한 가치관이 없이 복음에 대한 글을 쓸 때는 자신으로 인해 참된 복음이 훼손될 수 있음을 늘 염두 해야 한다.

4. 가벼워 보이지 말라.

아무리 좋은 내용의 글을 쓴다 하더라도 저속한 말투와 단어, 격이 떨어지는 표현들을 쓰게 되면 자신의 가치를 저하시키고, 글의 질도 떨어뜨리게 된다. 결국 아무리 진중한 내용을 한다하더라도 가벼워 보일 수밖에 없는 것이다. 이러한 이미지는 오래가기 된다. 훗날 아무리 문체를 성숙하게 다듬다 하더라도 B급이라는 이미지가 박힌 자의 글은 저급하다는 이미지를 갖고 읽게 되니 조심하도록 하자.

5. 사회와 종교의 중립적인 입장에서 글을 써야 한다.

크리스천의 글은 크리스천보다 불신자들을 위한 글이 더욱 중요하다. 우리의 궁극적인 목적은 언제나 전도에 있으니 말이다.

불신자들에게 있어 오직 기독교적인 시야와 입장을 담은 글은 거북하고 불쾌하기만 하다. 사회와 종교에서 중립적인 입장에서 설득력 있고 인정할 수 있는 글을 써야 한다.

6. 남을 배려하는 글을 써야 한다.

어떤 주장에도 반드시 반대되는 주장이 있기 마련이고, 아무리 좋은 생각에도 반대되는 생각을 가진 이는 나오기 마련이다. 차별하지 않으려 하는 행위에도 누군가는 역차별이라며 반박한다. 그러므로 어떤 주장의 글을 쓴 이 글에 반박하는 글이나 주장은 나올 수 있음을 늘 염두 해가면서 글을 써야 한다. 반대의 의견도 겸허히 받아들이며 무조건 자신의 입장과 주장만을 고수할 것이 아니라 모든 가능성을 열어두고 글을 쓰고 있음을 밝히도록 한다.

글에는 글쓴이의 성향, 말투, 신념 모든 것이 담기게 된다. 글을 쓰는 이 자체가 배려심이 없는 상태에서 글을 쓰게 되면 글에서도 배려가 전혀 느껴지지 않는다. 언제나 글을 쓸 때는 자신의 의지가 아닌 주님을 안에 두고 모든 이를 배려할 마음가짐으로 글을 쓰도록 하자.

7. 글은 단면이 아닌 입체적으로 시야를 가지고 써라.

글을 쓰다보면 자신의 입장을 단면으로만 담는 경우가 있다. 이것은 자신은 이미 모든 사건과 생각에 대해 알고 있기 때문에 이 글을 읽는 사람도 같은 입장에서 글을 대할 것이라는 착각을 하기 때문이다. 어떤 주장에든 사각지대는 반드시 생기기 마련이기 때문에 자기주장의 설득력을 높이기 위해서는 최대한 이 사각지대를 없앨 수 있도록 하는 것이 중요하다.

사람이 한 방향으로만 생각하게 되면 자가당착에 빠지기 쉽다. 논리는 부족한데 계속 우기듯이 쓰게 되거나, 몇 가지 아이디어나 표현을 버리기가 아까워 억지로 글에 끼워 넣게 되면 논리의 비약으로 발전하는 등의 맹점이 생기고 만다.

글을 쓸 때는 양쪽의 시야를 가린 경주마가 되어선 안 된다. 최대한 주님의 시야처럼 넓고 높은 입체적인 시야를 가지고 글을 쓸 수 있도록 해야 한다.

크리스천이 글을 쓸 때 일반인과 다르게 꼭 하나 명심해야 할 것은 쓰는 글의 내용이 꼭 성경에 관련된 내용이 아니라 할지라도 어떤 글이나 콘텐츠를 만들 때 이것으로 인해 사회문화나 악한 개념이 흥하게 될지, 하나님의 일이 높여질지를 염두 해야 한다. 이것이 크리스천이 세상에 무엇을 내놓을 때 항상 명심해야 할 부분이자, 고려해야 할 부분이다.

크게 생각하고, 작게 써라

글을 쓰는 사람은 글을 쓰려는 주제를 가능한 넓게 보고, 크게 담아야 한다. 그래서 다양한 소재거리를 찾고, 같은 것이라도 다른 관점으로 접근해야 할 줄 알아야 한다.

하지만 그러한 자신의 생각을 글로 표현할 때는 넓고 많이 담은 그 소재거리와 생각을 글이라는 한정된 기호 안에서 적절하게 잘 표현해낼 줄 알아야 한다. 두 마리의 토끼를 쫓다가 두 마리 모두 놓치게 되는 경우가 생겨서는 안 된다. 글의 중심, 주제, 주장하려는 그 하나를 명확하고 확실하게 전달하는 것을 최우선적으로 염두 해야 한다. 자신의 생각과 메시지를 충분히 담되, 자제하여 적절한 수준에서 표현해야 글은 자신의 역할을 최대한 수행해낼 수 있다.

그렇다면 자제하고 적절한 표현의 글이 되기 위하여 무엇을 검토해야 하는 지 살펴보도록 하자.

1. 감정 표현은 과하게 하지 않는다

글에서 자신의 감정 표현이 과하게 들어가게 되면 독자는 거부감이 들게 된다. 글이 정보를 주고 설득을 주지만 그 글을 읽고 난 뒤의 판단은 독자의 몫이다. 하지만 글에서 너무 감정에 호소하고 있거나 자신의 감정을 너무 드러내게 되면 독자 입장에서는 글쓴이의 감정을 주입당하는 느낌을 받게 되고, 판단을 강요하는 기분이 들기 때문에 오히려 반발심을 일으킬 수 있다. 가능한 '너무', '정말', '매우' 등의 표현은 자제하도록 한다.

2. 지루하게 쓰지 않는다

글을 쓸 때 독자에게 충분한 정보를 줄 필요는 있다. 독자가 상황을 충분히 인지하도록 그래서 글을 읽으면서 그 모습이 충분히 상상할 수 있도록 풀어서 설명하고 표현해줄 필요는 있다. 하지만 불필요한 내용까지 서술하면서 글을 지루하게 끌고 가서는 안 된다.

과한 정보는 오히려 전달력을 방해한다. 상황을 이해하기 위해 '빨간 색의 글씨'인 것만 알면 되는 상황을 '11 사이즈에 궁서체의 가넷 레드 글씨'라고 표현할 필요는 없다는 것이다. 과한 정보는 오히려 판단력을 흐리게 한다. 너무 많은 메뉴가 오히려 선택 장애를 불러일으키는 것처럼 말이다.

장황하게 늘어놓은 단어들은 하나의 압축된 의미의 단어로 바꿔 표현하도록 하고, 불필요한 문장이나 단락은 과감히 삭제시킨다. 전달력이나 의미가 왜곡되지 않는 선에서는 과감히 압축시켜 줄여 써야 한다.

3. 글에 자신감을 심어라

글에는 전달하려는 정보나 메시지, 혹은 설득력이 담긴다. 누군가에게 정보나 메시지를 전달하여 설득하고 이해시키는 것이 대부분의 목적이다. 그러한 글을 쓰면서 작가 자신이 자신감이 없어한다면 누구를 이해시키고 설득시킬 수 있겠는가. 글을 쓸 때는 자신감을 가지고 확실한 표현으로 작성하도록 한다.

'-그럴 것이다', '-생각 한다', '-좋을 것 같다' 등의 표현은 확신이 없는 애매모호한 표현이다. '-그럴 것이다'는 '-그렇게 된다'로 '-생각 한다'는 '확신 한다'로 '-좋을 것 같다'는 '좋다'라는 표현으로 바꿔준다. 글에서 확신과 확고함이 드러나지 않으면 읽는 사람도 선택에 혼란이 생긴다. 그래서 그렇게 하라는 건지, 말라는 건지 애매모호한 정보와 설득만을 남기게 되는 것이다. 글을 쓸 때는 확실한 표현을 담은 확실한 글로 이 글을 읽는 모든 이가 확신을 가질 수 있도록 쓰자.

4. 남발, 남용 금지

앞서 자신의 감정을 자제하라고 했듯이 글에 남발, 남용은 글의 흐름을 해치게 한다. 글에는 남발, 남용을 조심해야할 몇 가지 요소들이 있는데 그 중 하나가 바로 1인칭을 표현하는 '나'이다.

'나'는 굳이 표현하지 않아도 '너'임을 알고 있다. 그렇기 때문에 문장을 쓸 때마다 '나는', '내가', '나를' 이런 1인칭 표현은 최대한 빼도록 한다. 한마디로 불필요한 말이란 것이다. 글에 1인칭 표현만 줄여줘도 꽤나 깔끔한 글이 된다.

복수적인 표현도 조심해야 한다. 복수표현은 앞 뒤 문맥흐름이나 다른 어휘로 짐작할 수 있으면 굳이 '－들'을 넣지 않는다. 복수표현 뿐만 아니라 긴 문장의 표현은 의미가 상통하는 다른 단어나 표현으로 줄이도록 한다. 동일한 단어가 최대한 반복하지 않고, 다른 표현으로 대체하는 것이 읽기에 편하다.

5. 부정보단 긍정

글을 쓸 때는 가능한 같은 표현이라도 부정적인 표현보다 긍정적인 표현으로 써야 한다. 예를 들어, '이것이 없다면 당신은 루저'라는 표현보다 '이것이 있다면 당신은 위너'라는 표현으로 쓰도록 한다. 긍정적인 표현은 긍정적인 생각을 갖게 하고, 긍정적인 생각은 긍정적인 판단과 선택을 이끈다.

가능한 긍정적인 표현으로 글을 쓰도록 하고, 이중 부정으로 표현되어 있는 글은 긍정적인 글로 줄이도록 한다. 그렇다고 부정적인 표현까지 이중 긍정으로 표현하는 사람은 없겠지?

글의 수동형 문장은 능동형 문장으로 적극적인 자세를 취해야 한다. 그러거나 말거나 하는 글보다 그래야 한다는 글이 더 와 닿는 건 인지상정. 어떤 목적을 갖고 있는 사람이 수동적이고 방어적인 자세를 취한다면 과연 목적을 이룰 수 있을까? 운이 좋다면 가능하겠지만, 아무래도 적극적인 자세를 취하는 사람보다 그 확률이 떨어질 수밖에 없다. 글에서도 수동형 문장보다 능동형 문장으로 보다 적극적이고 생동감 있는 글을 쓰도록 하자.

6. 과감한 삭제

글을 깔끔하게 정리하기 위해서는 과감해질 필요가 있다. 불필요한 부분과 필수사항이 아닌 것들은 과감히 정리하는 것이 글을 더 깔끔하게 만든다. 그렇다면 과감히 정리할 수 있는 요소들에는 무엇이 있을까?

바로 '접속사'다. 접속사는 있어도 되지만 없어도 글의 흐름은 크게 방해하지 않는다.

"나는 물을 마셨다. 하지만 넌 술을 마셨다."

이 문장에 접속사를 빼보자.

"나는 물을 마셨다. 넌 술을 마셨다."

어떤가? 글이 많이 달라졌는가? 글의 흐름이나 전달력이 떨어졌는가? 그렇지 않다! 접속사를 뺀다고 하더라도 크게 의미가 달라지거나 전달력이 떨어지진 않는다. 오히려 글을 더 깔끔하게 만든다. 반전이나 의외의 상황을 표현하기 위해 필수적으로 접속사를 사용하는 경우가 아니고는 접속사를 뺀다고 하더라도 글의 흐름이나 전달력이 떨어지진 않으니 뺄 수 있는 접속사는 가능한 빼도록 한다.

필수사항이 아닌 것에는 형용사와 부사도 있는데 형용사와 부사는 꾸며주는 말이기 때문에 과한 사용을 자제하는 것뿐만 아니라 과감히 줄이는 것이 글을 더 깔끔하게 해준다. 형용사와 부사의 반복 사용이나 과한 사용은 글을 지저분하게 만든다. 앞서 표현한 형용사와 부사라면 과감히 삭제하여 글을 더 편안하게 볼 수 있게 해주자.

작게 써라는 진정한 의미는 과감한 정리이다. 글은 적절하고 적당할 때 자신의 역할을 더 충실히 이해하고, 더 잘 읽히게 된다. 맛있는 음식도 적당히 먹어야 제일 맛있는 것처럼 말이다.

글을 쓸 때는 글로 소통한다고 생각해야 한다. 글이 독자와의 소통구가 되어주고, 판매자와 구매자의 소통구가 되어준다. 이 소통구를 얼마나 깔끔하고 세련되게 준비하느냐가 좋은 결과의 유무로 이어지게 되는 것이다.

일단 써라

글을 쓰는데 있어 가장 중요한 것은 일단 무엇이든 쓰는 것이다. 쓰는 것, 그 자체를 멈춰서는 안 된다. 생각이 정리가 되지 않더라도 일단 써야 자신이 무슨 생각을 하고 있는지 더욱 명확히 알 수 있기 때문에 우선은 떠오르는 그 모든 것들을 적어보는 것이 좋다.

인간의 기억력은 그리 신뢰할 수 없다. 우리가 기억하고 있는 과거도 왜곡되고 변질되어 기억하고 싶은 대로 기억하고 있는 경우가 대부분이다. 아니, 절대적으로 그렇다. 같은 상황을 겪은 사람들이라 할지라도 시간이 지난 뒤에는 그 날의 일들을 다르게 기억하고 있는 경우를 우리는 쉽게 확인할 수 있다.

게다가 인간의 가장 번뜩이는 아이디어는 초심에서 나오는 경우가 많은데 글을 쓸 때도 그 초심에서 나온 생각을 바로바로 써두어야 그 다음의 생각으로 이어갈 수 있다. 거기서 더 좋은, 혹은 더 나은 생각이 나오기를 기다리고만 있다 보면 초심을 놓치거나 그 다음으로 이어갈 수 없게 된다.

완벽한 글이란 건 처음부터 존재하지 않기 때문에 처음 쓰는 글에 너무 심혈을 기울일 필요는 없다. 오히려 너무 신중하게 쓴 글일수록 수정하기는 더 힘들기 때문에 처음 쓰는 글은 최대한 유연하게 흘려가듯이 생각나는 그대로 쓰는 것이 좋다. 게다가 너무 신중한 글에는 참신함도, 개성도 찾아보기 힘들어지기 때문에 우선을 생각나는 대로 무조건 쓰고 나중에 불필요한 부분만 가감하는 것이 더 좋다.

이런 것은 유명한 작가들도 늘 강조하는 내용인데 '노인과 바다'의 어니스트 헤밍웨이는 "모든 초고는 쓰레기다. 글을 쓰는 데에는 죽치고 앉아서 쓰는 수밖에 없다. 나는 〈무기여 잘 있거라〉를 마지막 페이지까지 39번이나 수정했다."고 말했으며, 7년의 밤의 소설가 정유정은 한 인터뷰에서 "초고는 보통 석 달 안에 끝냅니다. 마냥 신나는 때죠. 말이 되든 안 되든 일단은 달리는 시기니까요. 이후부터는 저 자신과의 드잡이 질이에요. 저는 초고의 흔적이 탈고 때까지 남아 있으면 그 소설은 실패라고 봅니다. 제가 천재가 아닌 바에야, 석 달 동안 내달린 장면들이 쓸 만한 것일 리 없죠. 대부분 클리셰일 수밖에 없어요. 그걸 완전히 벗겨내는 데 1년 가까이 걸려요. 어느 대가의 말처럼, 저는 초고를 버리기 위해서 씁니다."고 말했다.

글을 쓰는 사람이 완벽한 글을 향해 달려가고 있다면 그것이야 말로 교만이자 아집이다. 글의 주목적은 전달에 있다. 무엇을 어떤 식으로 잘 전달할 것인가가 글에 있어 가장 중요한 중점이다. 뛰어난 필력으로 완벽한 글을 쓰는 것에 중점을 맞추다보면 글의 가장 중요한 점을 놓치고 만다.

글의 우수성은 독자가 판단한다. 어렵고 화려한 문체들로 가득 채워 자신이 만족하는 글이 아니라, 자신이 전달하려는 바를 명확하게, 최대한 왜곡 없이 독자에게 전달하여 독자와 생각을 공유하고, 공감을 형성할 수 있는 글을 써야 하는 것이다.

"지나치게 세련되는 데서 비롯하는 타락을 경계하라."

— 스티븐 스펜더 —

글을 씀에 있어 최우선은 우선 쓰는 것이다. 글은 쓰면서 고민해야 한다. 글을 쓰면서 세상의 무엇을 어떤 식으로 글로 담을 것인가는 늘 고민해야 하지만 그것은 쓰면서 해야 하는 것이다.

글을 쓰다보면 글이 새로운 글을 불러올 때가 있다. 내가 출간한 책 중 '압둘라와의 일주일'이란 책이 있는데 그 책은 신의 천지창조를 모티브로 삼아 집필한 책이었다. 천지창조를 모티브로 삼은 만큼 총 7장으로 구성하여 집필을 하였는데 초고를 천지창조 일주일을 따르기 위해 하루에 1장씩 완성시켰다. 그렇게 일주일 만에 초고를 완성시키고 탈고를 거친 후에 책으로 출간되었는데 출간된 책을 다시 보다보니 내가 이런 생각을 하고 이런 글을 썼었나 싶은 문구들이 부분부분 보였다. 이런 글이 보일 때면 언제나 나는 '내가 글을 쓴 것이 아니라, 글이 나를 이끌었다'고 표현한다.

이런 식으로 글은 또 다른 새로운 글감을 이끌어오는 경우가 종종 있다. 당신의 생각을 무질서, 무분별하게 일단 쓴다고 하더라도 그것은 새로운 값진 글감을 가지고 올 수도 있다. 사소한 것에서 위대한 것을 빚어낼 수도 있다는 것이다.

하지만 그것은 초심에서 이어지는 것이며, 억지로 다듬어진 생각에서는 이어지기 어려운 부분이다. 원석을 잘 다듬으면 값진 보석이 되지만, 잘못 다듬어진 보석은 그 가치가 떨어져버리는 것처럼 말이다.

글을 씀에 있어 원석은 초고다. 처음 쓰는 그 글이 바로 당신의 원석이 되는 것이다.

"즉석에서 생각한 것처럼 보이지 않는다면. 각고의 문장이 다 헛되리."

－ 예이츠 －

글을 쓸 때는 늘 고민해야 한다. 문체에 내해 고민해야 하고, 글의 구성에 대해 고민해야 한다. 하지만 고민만 하고 앉아서는 언제까지고 글

자체를 쓰지 못한다. 과유불급이라 하지 않던가? 고민이 지나쳐 글 자체를 시작하지 못한다면 그런 고민은 하지 않느니만 못하게 될 것이다.

언제나 고민하는 신중한 자세도 분명 중요한 요소이긴 하지만, 그보다 더 중요한 것은 고민에 그치는 것이 아니라 도전하는 것이다. 기존의 고정관념에서 새로운 길을 제시하고, 문제를 제기하는 그런 도전적인 정신, 우선 쓰고 보는 대범한 그런 정신이 필요한 것이다.

이름만 대면 알만한 위대한 작가들은 훌륭한 문체로 우리에게 감동을 주었고, 행복하게 해주었다. 하지만 그들은 언제나 마음의 순수함을 우선시 했다. 그들의 글로 우리가 감동을 받고 행복할 수 있었던 건 그들의 화려하고 훌륭한 문체가 아니라 그들의 순수함 때문이다. 열린 마음으로 판단을 보류한 채 우선적으로 담으려한 그 순수함이 있었기 때문에 우리는 그 감동을 고스란히 전해 받을 수 있는 것이다.

당신이 무엇을 어떤 형식의 글로 표현하듯 언제나 그 순수함을 잃지 않길 바란다. 고민하고 치장하는 것이 아닌, 순수함 그대로 우선 쓰는 것에 집중하여 시작하길 바란다. 그렇게 그 순수한 원석을 글에 담고 천천히 하나씩 문체, 문장, 단어 등을 고민하며 원석을 다듬어 가는 것이다.

더 나아보이는 것에 현혹되어 가장 중요한 것을 놓치지 말자. 두려움에 굴복하여 쓰는 것을 멈추지 말자. 가만히 앉아서 기대만 하고 있어서는 아무것도 나아지지 않는 것처럼 쓰지 않고 고민만 하고 있어서는 아무것도 남지 않는다.

글은 쓰는 것에서부터 시작된다. 쓰는 것에서부터 모든 것이 발생된다. 일단 쓰자. 시작이 반이라는 말처럼 우선 쓰는 것을 시작하는 것이 가장 중요하다.

기록하는 것은 기록을 갱신한다. 누구나 처음 글을 쓰기 시작할 때는 누군가의 글을 통해, 어떤 위대한 작가로 인해 자극을 받고 감동을 받아 글을 쓰기 시작한다. 그리고 언젠가는 그 글을, 그 작가를 넘어서고 싶어 한다. 그 순간을 경험하려 한다면 일단 써라. 현재의 기록을 갱신하는 그 글은 지금 기록하는 글에서부터 시작된다.

용기와 자부심으로 글을 써라. 그 글은 빛나는 보석이 되는 글의 초석이 될 테니 말이다. 세계적인 작가들 모두가 그렇게 시작했고, 거장의 탄생은 그 곳에서 비롯되었음을 잊지 말자. 뿌리 깊은 나무도 바닥에 뿌려진 하나의 씨앗이었고, 가녀린 묘목의 시기가 있었듯이 지금 쓰는 그 막무가내의 글은 언젠가 뿌리를 깊게 내릴 것이고, 웅장하고 튼튼한 나무가 되고 먹음직스런 과실로 누군가에게 행복과 감동을 줄 것임을 믿어 의심치 말자. 그렇게 우선 시작하면 되는 것이다.

글쓰기의 습관화

글을 씀에 있어 가장 중요한 것은 꾸준히 쓸 수 있는 인내와 끈기이다. 지치지 않는 열정이며 공기처럼 쓰는 것에 익숙해지는 것이다. 어느 목적으로 쓴 글이 그 성과를 거두지 못하더라도, 매일같이 쓰고 있는 이 글이 별 의미가 없어 보인다 하더라도 그 어떤 주제의 글이라도 매일 매일 쓴다는 것이 중요하다. 완벽한 글이라는 것은 없기 때문에 글쓰기 연습에는 끝이 없으며, 충분히 된 글쓰기 연습이란 존재할 수 없다. 그렇기에 매일 매일 습관적으로 글을 쓰는 것에 익숙해지도록 해야 한다.

반복과 습관에 대한 중요성을 고대 그리스의 철학자인 소크라테스는 잘 알고 있었다. 어느 날, 소크라테스는 제자들에게 이렇게 말했다.

"오늘 우리는 세상에서 가장 쉬우면서도 가장 어려운 일에 대해 말해 보겠다. 모두들 어깨를 최대한 앞을 향해 흔들어 보아라. 그리고 다시 최대한 뒤를 흔들어 보아라."

소크라테스는 시범을 보이면서 계속 말을 이어 나갔다.

"오늘부터 모두들 매일 300번을 이렇게 하도록 해라. 할 수 있겠느냐?"

제자들은 이게 뭐 어려운 일이겠냐는 표정을 지으며 그렇게 하겠다고 답했다. 그리고 한 달의 시간이 지났고, 소크라테스는 다시 제자들을 불러 모아 물었다.

"한 달 전, 내가 알려준 어깨풀기 운동을 매일 300번씩 하고 있는 사람이 아직 있느냐?"

그러자 제자들 중 90%가 자랑스러운 듯 손을 들었다. 소크라테스는 웃으며 고개를 끄덕였다. 그리고 또 다시 한 달 후, 소크라테스는 똑같은 질문을 다시 했다. 그러자 이번에는 80%정도가 손을 들었다. 그렇게 일 년이 지나고 다시 소크라테스는 제자들을 향해 물었다.

"아직까지 어깨풀기 운동을 매일 300번씩 하고 있는 사람이 있느냐?"

이 때, 단 한 사람만이 손을 들었다. 그는 바로 훗날 고대 그리스의 대철학자가 되는 '플라톤'이었다. 단 한 명밖에 손을 들지 않자 소크라테스가 말했다.

"처음 내가 너희들에게 매일 어깨풀기 운동을 300번씩 하라고 했을 때 너희는 모두 웃었다. 하지만 지금의 결과를 보아라. 지금까지 그것을 해 온 사람은 단 한 명밖에 없다. 세상에서 가장 어려운 일은 가장 쉬운 일을 지속적으로 하는 것이다. 한 가지 일이라도 지속적으로 잘해낼 수 있는 사람은 반드시 성공할 수 있다."

어떤 분야든 그 일에 적응하고 잘하기 위해서 매일같이 연습하고 반복할 때는 실력이 향상된다. 하지만 아무리 익숙해진 어떤 일이든 그 일에서 손을 떼고 반복하지 않으면 그 실력은 점차 떨어지게 된다.

글쓰기도 마찬가지다. 글을 잘 쓰고 싶다면, 글로 자신을 더 잘 알리고 싶다면 습관처럼 매일 글을 쓰는 일을 반복해야 한다. 당신이 글을 잘 쓸 때까지 글을 쓰는 일을 하지 않겠다고 하는 것은 당신이 그 일을 제대로 처리할 수 있을 때까지 출근을 하지 않겠다고 하는 것과 마찬가지인 셈이다. 실수하고 실패하더라도 매일같이 출근을 하고 그 일을 부딪쳐야만 그 모든 것들이 쌓여 노하우가 생기고 익숙해질 수 있는 것처럼 글쓰기도 익숙하지 않더라도, 무엇을 써야할지 모르더라도, 잘 쓰지 못하더라도 매일 반복적으로 무엇이든 쓰는 일을 매진해야 해야 한다. 오직 그것만이 더 잘, 더 나은 글을 쓰기 위한 방법이며 유일한 길이다.

나는 어릴 때부터 지금까지도 만화책 보는 것을 좋아한다. 만화책에서 얻을 수 있는 정보도 많으며, 느낄 수 있는 감동도 있기 때문에 만화책 보는 것을 적극 추천하기도 한다. 다양한 장르의 만화책을 보다보면 어떤 것은 한 권, 혹은 몇 권으로 종결이 되기도 하지만, 어떤 것은 100여권이 넘어갈 정도로 장편일 경우도 있다. 그런데 장편 만화책을 보다보면 권수가 더해질수록 그림체가 더 세련되어지고, 캐릭터가 더 멋있어지는 경우를 종종 보게 되는데 그것은 작가 스스로도 그 만화를 그리면서 실력이 향상되었기 때문이다. 만화라는 작품과 함께 작가도 성장한 것이다.

글도 마찬가지다. 어떤 글이든 쓰면 쓸수록 글과 함께 작가도 성장하게 된다. 간혹 여느 작가들은 '영감이 떠오를 때까지 글을 쓰지 않는다'고 하지만, 나는 소설가 크리스 보잘리언의 말에 더 공감을 한다.

"글쓰기는 욕망인 동시에 훈련이다. 영감이 떠오를 때까지 기다려선 안 된다.
그랬다간 어떤 작품도 끝내지 못할 것이다."

– 크리스 보잘리언 –

글쓰기는 습관적이어야 한다. 매일 매일 무엇이든 쓰는 일에 익숙해져야 한다. 쓰는 양보다 무엇이든 쓴다는 것 자체에 적응되어야 한다.

이것이 결코 쉬운 일이 아니라는 것은 잘 안다. 모든 예술이 그렇겠지만 글쓰기라는 것도 창작이기 때문에 백지를 마주한 당신의 심정을 누구보다 잘 알고 있다. 어디의 누구는 책상에서 자리를 뜨지 않기 위해 허리띠를 의자 팔걸이에 동여맸다는 이야기까지 있을 정도니 말이다.

하지만 언제나 괴로운 훈련의 시간은 달콤한 결과라는 열매를 맺는다. 처음에는 3줄의 글도 무엇을 써야할지 몰라 괴로워했지만 어느새 3쪽짜리의 칼럼을, 어느 날은 300쪽의 책 1권을 쓸 수 있는 시간이 찾아온다. 훈련이라는 헌신이 당신에게 달콤한 결과물을 가지고 오게 만드는 것이다.

어떤 목적을 갖고 매일 글을 쓴다면 멀지 않은 시간 언젠가 자신도 모르게 당신의 글은 성장해 있다. 그리고 당신 자신도 그 글과 함께 성장해 있음을 발견할 수 있을 것이다. 그저 오늘부터 감사한 일 3가지씩을 적는 것이라도 상관없다. 중요한 건 무엇이든 습관적으로 쓰는 것이다. 그렇게 일주일, 한 달, 1년의 시간을 매일 습관적으로 쓰는 일에 도전하라. 그리고 성공한 자신에게 박수를 쳐주어라. 당신은 자신과의 약속을 지켜냈고, 그만큼의 성장을 해낸 것이니 말이다.

그리고 어디의 누구에게든 당당히 자신을 글로 표현해내라. 이제 당신은 백 마디의 말보다 한 마디의 글로 더 자신의 신념을 드러낼 수 있다. 단, 한 줄의 문장으로도 당신을 알리고, 상대방을 마음에 닿을 수 있다. 당신은 이미 충분히 그러한 훈련을 했고, 이제 그 훈련의 성과가 드러날 시간이니 말이다. 이제 당신의 글이 당신의 일을 도와줄 것이다. 당신의 신념을, 비전을 고스란히 담아 움직일 것이다.

필력 향상을 위한 세 가지 방법

"글을 잘 쓰려면 어떻게 해야 하나요?"

수업 때나 강연을 할 때면 제일 많이 받는 질문 중 하나이다. 이 질문을 받을 때면 항상 나는 세 가지 방법을 말해준다. 글을 잘 쓰기 위한 노하우 같은 건 없지만 이 세 가지 방법을 반복적으로 한다면 누구나 글을 좀 더 잘, 그리고 점차 수월하게 쓸 수는 있게 된다.

그 세 가지 방법 중 첫 번째는 바로 우리가 잘 알고 있는 방법인 필사다.

좋은 책을 베껴 씀으로써 자연스럽게 필력이 늘고 글을 쓰는 흐름이 파악할 수 있기 때문에 가장 많이 하고 선호하는 방법이다. 필사는 단순히 필력을 향상시키는 것뿐만 아니라 마음을 진정시키고 스트레스를 해소시키기도 한다. 게다가 자연스럽게 어휘력과 맞춤법, 띄어쓰기 공부도 되기 때문에 글을 쓰려는 사람에게는 꼭 해야 하는 일이라고 할 수 있다. 게다가 베껴 쓰기는 뇌 활성화에 도움이 돼 기억력 향상에도 크게 도움이 된다. 그래서 학교 다닐 때 틀린 문제를 10번, 100번씩 써오라고 선생님들이 그리 시키셨나보다. 이처럼 필사는 여러모로 글을 쓰는 사람에게는 큰 도움이 되는 방법이다.

글을 잘 쓰기 위한 두 번째 방법은 바로 글을 첨삭 받는 것이다.

첨삭이란 내가 쓴 글을 누군가가 확인하고 검토 하여 내용의 일부를 보태거나 삭제하여 고치는 것을 말한다. 글을 처음 쓸 때 누구나 드는 생각이 '내가 제대로 쓰고 있는 건가?'이다. 내가 쓰는 글에 대한 확신이 없는 것이다.

책 쓰기에 관해 수업을 하면 언제나 수강생들의 원고를 첨삭하게 되는데 원고를 읽을 때마다 참 재밌는 경험을 많이 하게 된다. 원고 하나하나를 읽다보면 원고에서도 그 사람만의 특색이 다 담겨있음을 깨달을 수 있기 때문이다. 글에는 그 사람의 말투, 행동, 사상, 기분 등이 다 담겨있어 글에서도 그 사람만의 색깔이 분명히 드러난다. 이 사람이 성격이 급한 지 차분한 지, 긍정적인지 부정적인지, 감성적인지 이성적인지가 모두 드러나는 것이다.

첨삭은 그 사람의 글이 자신만의 색깔은 뚜렷하게 하되, 불필요한 부분은 제하면서 그 사람만의 글로 이끄는 것이다. 그리고 자신도 모르게 원고에 들어가 있는 자신의 안 좋은 습관은 빼주고, 글 흐름의 어색함이나 속도 등도 조절해준다. 이런 첨삭을 몇 번 받게 되면 자신의 안 좋은 버릇이나 습관이 바로바로 눈에 들어오기 때문에 빠른 속도로 누구나 읽기 좋은 글을 쓰는 방향을 잡게 된다.

자비 출판이 대중들에게 사랑받기 힘들고, 대중적으로 인기를 끌기 어려운 것은 이러한 첨삭을 받을 기회가 없기 때문이다. 자신이 쓴 글을 누군가가 봐주고 윤문이나 교정, 교열을 제대로 받아보지 못하고 바로 책으로 나오기 때문에 독자들이 보기에는 어색하고, 아마추어 같은 느낌을 많이 받게 되는 것이다.

자신에게는 만족스러운 글이라 할지라도 그건 자신에게만 만족스러운 글이 되기 때문에 언제나 처음 글을 쓸 때는 자신보다 더 큰 눈을 가진 사람에게 자신의 글을 첨삭 받아 보는 것이 중요하다. 그렇게 첨삭을 받으면서 자신도 더 큰 눈을 가지게 되는 것이고, 더 자연스럽고 좋은 글을 쓸 수 있게 되는 것이다.

글을 잘 쓰기 위한 마지막 세 번째 방법은 바로 '일기를 쓰는 것'이다.

일기 쓰기는 장르 구별 없이 모든 글의 기초가 된다. 글을 쓸 때 가장 먼저 연습되어야 하는 것은 바로 자신의 이야기를 잘 풀어서 쓰는 것이다. 나의 이야기를 누군가에게 이해가 되고, 공감이 되도록 잘 풀어서 쓸 수 있어야만 다음 이야기를 쓸 수 있고, 다른 사람의 이야기도 쓸 수가 있다. 자신의 이야기조차 제대로 전달할 수 없는 상황에서 다른 사람의 이야기를 한다는 것은 정말이지 어불성설이 아닐 수 없다.

좋은 글은 전달하려는 메시지를 누구나 쉽고 빨리 이해할 수 있게 해주는 글이다. 쉽게 말해 좋은 글은 3살짜리 애부터 90세 노모까지 이해할 수 있도록 써야 한다는 것이다. 어려운 말을 써야 좋은 글이 아니고, 고급스럽고 세련되게 써야 좋은 글이 아니라는 말이다.

간혹 책 쓰기를 코칭하다 보면 박사님이나 교수님, 혹은 국문학과를 전공한 사람들을 코칭하기도 하는데 이러한 분들을 코칭하여 책을 쓰게 하는 것이 더 힘들다. 이러한 분들은 어느 정도 배웠고 아는 것이 있기 때문에 글에서 그러한 것들을 표현하고 싶어 하는 욕구가 많다. 그러다보니 글을 너무 고급스럽게만 쓰려고 하여 글의 전달력이 떨어지는 경우가 종종 있다.

하지만 글을 쓰는 사람이 기억해야 하는 것은 이 글을 쓰는 사람을 작가 본인이지만 이 글을 읽을 사람은 각계각층의 다양한 사람들이라는 점이다. 책으로 나온 이 글은 작가 본인만큼 지식을 가진 사람들만 보는 것이 아니란 것이다. 아는 것을 표현하고 전달하고 싶다면 논문을 쓰면 된다. 하지만 우리는 지금 누구나 볼 수 있는 책을 쓰려는 것이 아닌가! 그렇다면 작가의 수준이 아닌 이 책을 읽을 독자층의 수준에서 글을 써야 하는 것이다. 좋은 글은 어렵고 고급스런 글이 아닌, 누구나 쉽게 전달하려는 바를 전달 받을 수 있는 글임을 명심해야 한다.

매일 매일 일기를 씀으로써 자신의 이야기를 처음 보는 누군가에게 이야기하듯이 잘 풀어서 쓰는 연습이 된다면 그 뒤로는 어떠한 주제의 글이든, 어떤 장르의 글이든 자연스러운 흐름으로 잘 쓸 수 있게 될 것이다.

좋은 글을 쓰기 위한 방법으로는 이렇게 세 가지 정도의 방법이 있다. 이 방법을 꾸준히 반복하고 연습한다면 누구에게나 명필의 작가로 인정받을 수 있을 것이다.

하지만 이 방법 외에 크리스천에게는 크리스천만의 필력향상을 할 수 있는 또 다른 방법이 있다. 그건 바로 큐티(QT)이다. 큐티를 습관화하여 매일 성경의 한 구절을 묵상하고 기록하는 버릇을 들인다면 이것 역시 필력 향상에 큰 도움이 된다. 또한, 성경을 필사하고, 성경 한 구절, 한 구절을 나름대로 풀어쓰는 연습도 좋은 필력 향상 방법이 된다.

어떤 일이든 기초가 제일 중요하다. 좋은 글, 좋은 책을 쓰는 일에 지름길은 없다. 쓰고, 쓰고 또 쓰는 연습이 되어야 하며, 더 좋은 글을 쓰기 위해 고치고, 고치고 또 고치는 작업이 필요하다.

누군가가 정해놓은 좋은 글이라는 기준은 없다. 하지만 글을 쓰는 사람, 글을 쓰려는 사람은 언제나 더 좋은 글을 잘 전달하는 일에 고민해야 하고, 발전하려 노력해야 한다. 글과 책은 작가의 사상을 담고, 그 사상은 언제나 어딘가의 누군가를 감동 주기도 하고, 영향을 끼치기도 하는 법이니 말이다.

당신의 글이 전도의 글이 되고, 당신의 글이 당신의 신념과 믿음을 대변한다. 가능한 왜곡 없이 당신을 더 잘 드러낼 수 있는 글을 쓸 수 있도록 하자.

07

크리스천
인문학Ⅲ
: 남기기

예수님은 왜 성경을 남기셨을까?

우리는 예수님을 만난 적이 없다. 실제로 본 적도, 동 시대를 살지도 못했다. 하지만 지금까지 전 세계적으로 수천, 수만 명이 예수님의 행적으로 깨달음을 얻고, 구원을 받고 있다. 예수님의 희생으로 인해 희생의 그 의미를 이해하고, 예수님의 그 사랑 덕분에 우리가 사랑의 존재임을 알고, 그 사랑을 나누며 살 수 있게 되었다. 우리는 이렇게 결코 예수님을 본 적도 만난 적도 없지만 예수님의 위대한 행적을 알고, 그의 가르침대로 살려 노력한다. 본 적도, 만난 적도 없음에도 그를 존경하고 사랑한다. 시간이 흐르면 흐를수록 더 많은 사람들이, 더 깊게 말이다.

어떻게 이런 일이 가능한 것일까? 그것은 바로 예수님의 행적이 성경이란 책으로 기록되어 있기 때문이다. 우리는 그 누구도 예수님을 직접 만난 적도, 직접 본 적도 없지만 성경이란 책을 통해 그 분의 행적을 알 수 있고, 성경이란 책을 통해 그 분의 말씀, 가르침도 들을 수 있다. 예수님은 육신의 껍데기는 버리셨지만, 성경이란 책을 통해 지금까지 계속 살아계신 것이다. 성경을 통해 행하고 계신 것이다.

예수님은 과연 제자들을 통해 성경이 나올 것을 알지 못하셨을까? 아니, 분명 알고 계셨을 것이다. 자신의 행적이, 자신의 간증이 분명 책으로 나와 이후의 사람들에게 전해질 것을 알고 계셨을 것이다. 그리하여 그 책으로 사람들이 하나님의 자녀임을 알게 하시려 하셨고, 자신이 아닌 그 책이 이제 자신의 역할을 할 것임을 분명 알고 계셨을 것이다.

우리가 예수님의 행적을 보고 배우며 닮고 싶어 한다면 우리도 책을 남겨야 한다. 우리의 행적을 기록하고, 자신의 간증을 남겨 자신의 시간이 오랜 시간 책으로 남아 일할 수 있도록 해야 한다. 우리가 예수님을 닮아야 하는 것은 크게 보면 살아있는 동안 순종하며 행하되, 이 땅을 떠나기 전에는 책으로 그 시간을 남겨 죽어서도 많은 사람들에게 그것을 전하는 것이다.

이것은 비단 예수님만의 이야기는 아니다. 역사적으로도 나라, 종교, 문화를 떠나서 어떤 식으로든 기록을 해왔기 때문에 우리는 과거를 알 수 있고, 위인들의 행적을 알 수 있다. 기록이 되어 있지 않았다면 결코 그들의 위대함을 알 수는 없다. 그리고 그 기록의 가장 대표적이고 일반적인 것이 바로 책인 것이다.

일기, 실록, 편지 등 다양하고 보편적인 것으로 글을 남겼고, 글의 묶음인 책으로 남겨져 왔다. 자신들의 시간을, 자신들의 업적을, 자신들의 뜻을 글에 남겼다. 혹은 그들의 시간을, 그들의 업적을, 그들의 뜻을 대신해서 글에 남겼다. 제자들이, 친구들이, 신하들이 그러했다.

오랜 시간, 많은 선각자들이 그렇게 해온 것에는 분명 이유가 있을 것이다. 살아있는 동안 이 땅에서 사랑을 실천하고, 떠나기 전에 그 모든 시간을 기록하고 남기는 것이 우리 삶의 가장 마지막 임무이자 의무인 것이다.

그럼에도 자신의 이야기만으로 자신 혼자서 한 권의 책을 쓰기란 여간 쉬운 일은 아닐 수밖에 없는데 글이 아닌 책을 쓰라고 말씀드리면 가장 부담스러워하고 두려워하는 것 중 하나가 바로 책 한 권의 분량이기 때문이다. 한 권의 책만큼 쓸 내용이 없고, 자신이 없어 머뭇거리게 되는 것이다. 이런 사람들이나 혹 지금도 이 책을 읽으면서 한 권의 책을 쓰는 것에 자신이 없는 독자가 있다면 이렇게 한 번 책을 써보라고 권하고 싶다.

그것은 바로 뜻이 맞는 사람들과 함께 공동저서를 집필해보라는 것이다. 공동저서라 그러면 왠지 자신의 책이 아닌 것 같고, 자신의 이름만이 들어간 개인 저서보다 값어치가 떨어진다고 여기시는 분들이 간혹 계신데 결코 그렇지 않다. 현재 세계에서 가장 많이 팔린 책은 무엇인가? 바로 성경책이다. 성경은 개인저서인가? 제자들마다 예수님의 행적을 적은 공동저서이다. 맹자는 어떠한가? 제자들이 함께 쓴 공동저서이다.

공동저서라 할지라도 그 뜻이 단합되고, 진실성을 담는 다면 그 책은 그 어떤 개인저서보다 큰 힘을 발휘할 수 있다. 아니 더 큰 시너지효과를 볼 수도 있다. 물론 모두 다른 주제를 띄는 공동저서도 졸서일 수밖에 없다. 하지만 여럿이서 단합이 되어 한 주제를 다른 시각으로 다른 이야기로 풀어낼 수 있다면 그 책은 분명 개인저서보다 더 큰 전달력을, 더 큰 메시지를 담을 수 있다. 백지장도 맞들면 낫다는 말도 있지 않은가?

여럿이서 책을 쓰면 개인저서를 집필할 때보다 수월한 점이 많은데 가장 먼저 앞서 거론한 것처럼 한 권 분량을 모두 책임지지 않아도 된다는 점이 가장 크게 작용한다. 참여하는 인원수에 따라 개인별 집필하는 분량의 차이가 나겠지만 참여 인원이 많을수록 집필할 분량은 줄어들게 된다. 개인적으로는 공동저서는 10명이 넘어가지 않는 선이 가장 적합하다고 생각한다. 공동저서는 10명이 참가할 때 써야하는 분량도 가장 적합하고, 부담되지 않는 선이 된다. 참가인원이 너무 많아져버리면 미처 내가 전달할 내용도 제대로 담지 못할 분량으로 집필을 해야 하기 때문에 책으로서 가져야 할 전달력을 잃게 된다.

그리고 공동저서를 집필할 때 또 좋은 점은 다른 곳에서 굳이 사례를 찾아올 필요가 없다는 점이다. 책을 한 권 집필하려면 해당 주제에 맞는 사례를 넣어야 할 경우가 종종 있는데 공동저서는 참여하는 사람들 모두 자신의 사례만으로 글을 집필하면 되기 때문에 다른 곳에서 사례를 가져올 필요가 전혀 없게 되는 것이다.

게다가 외부에서 가지고 오는 사례는 어디선가 본 적이 있고, 들은 적이 있는 사례지만 공동저서로 들어가는 모든 이들이 자신의 이야기를 사례로 넣는다면 이 공동저서는 그 어디서도 본 적도 들은 적도 없는 유니크한 사례들만으로 채워지는 것이기 때문에 유일무이한 책이 되고, 감동을 담게 되는 것이다.

공동저서로 집필할 때는 이러한 것 말고도 다양한 장점을 띄고 있다. 간혹 자신의 책을 쓰는 것에 부담을 느끼는 분들에게는 공동저서로 집필해보시라고 권해드리면 개인저서보다 메리트가 없다고 여기시면 반기지 않은 분들이 계신데 결코 그렇지 않다. 물론 개인저서가 공동저서보다 본인의 브랜딩적인 부분에서는 더 좋겠지만, 공동저서도 결코 개인저서보다 뒤처지지 않는 장점을 분명 갖고 있다.

이러한 장점 때문에 최근에는 공동저서로 책을 낼 수 있도록 하는 출판사가 늘고 있는데 대부분은 이러한 점을 고려하여 집필하게 하고 출간하는 것이 아니라, 오직 상업적인 목적만을 위해 하는 곳도 많으니 공동저서에 참여할 때는 신중을 기할 수 있기를 바란다.

예수님께서 제자들을 통해 공동저서로 성경을 남기셨듯이 우리도 자신의 행적을, 간증을 책으로 기록하여 남겨야 한다. 나 자신만의 이야기로 그렇게 하기가 힘들다면 다른 목회자, 선교사분들과 함께 한 뜻으로 함께 집필해도 좋다. 중요한 건 얼마나 남기느냐가 아니라, 무엇을 남기느냐 일테니 말이다.

우리는 살아있는 동안 무엇을 할 것이냐도 중요히 생각해야 하지만, 이 땅을 떠나기 전 무엇을 남길 것이냐를 더 중요히 생각해야 한다. 살아있는 동안 땅을 일구는 것도 중요하지만 떠나기 전 일군 땅에 씨앗을 뿌려 놓아야 그 땅은 풍성해 지는 것이다. 일구기만 하고 아무것도 남기지 않고 떠나서는 언제까지는 땅 밖에 존재할 수밖에 없다.

살아있는 동안 일군 땅에 떠나기 전 어떤 씨앗을 뿌리고 떠날 것인지를 생각하라. 당신이 어떤 씨앗을 뿌리느냐에 따라 그 땅은 그 어떤 것으로 풍성해질 테니 말이다.

1권의 책은 수많은 미션을 감당한다

우리는 다양한 곳으로 선교 활동을 하러 간다. 아시아, 유럽뿐만 아니라 나라 이름조차 생소한 곳으로 가기도 한다. 하지만 그럼에도 선교를 하러 가야할 곳은 끝이 없다. 하지만 우리가 살아있는 동안 선교를 위해 갈 수 있는 나라를 한계가 있다. 우리가 살아있는 동안 선교를 위해 갈 수 있는 나라를 몇 곳 정도이나 되겠는가?

한 나라에 선교를 위해 가면 보통 최소 몇 년의 시간을 필요로 하니 많아봐야 살아있는 동안 오로지 선교만을 위해 살아간다 하더라도 많아봐야 10개국 안팎일 것이다. 한 나라를 간다 하더라도 그 나라의 구석구석을 선교하고 오려면 한 평생을 바쳐야 할 정도이다. 영화나 소설에서나 볼 수 있는 분신술이라도 쓰지 않는 한 살아있는 동안 수십 군데의 나라, 또 그 나라 구석구석까지 가서 선교하는 것은 사실상 불가능한 일인 것이다.

하지만 살아있으면서, 아니 죽어서도 수십 군데의 나라와 나라 구석구석까지 선교를 할 수 있는 방법이 있는데 그것이 바로 책이다. 현재 성경은 세계에서 가장 많이 판매된 책이다. 전 세계, 각 나라의 어느 곳에 가도 성경을 찾아볼 수 있을 정도이다. 각 나라의 언어로 번역되어 누구나 대부분 손쉽게 가까운 곳에서 찾을 수 있다. 교회나 도서관은 물론 가정집, 학교, 병원 심지어 교도소에도 성경은 쉽게 찾아볼 수 있다.

성경은 선교나 전도를 할 때도 가장 유용하게 쓰이는데 선교나 전도를 할 때 가장 많이, 가장 먼저 하는 일이 바로 성경책을 선물하는 것이 아니겠는가? 세계에서 가장 위대하고, 세계에서 가장 많이 선교를 한 것은 성경인 것이다. 지금까지 배출된 목회자, 선교자보다 성경이 더 많은 사람들에게 은혜를 주었고, 하나님의 품으로 인도한 것은 그 누구도 부정하지 못할 것이다.

책은 자신의 분신이다. 자신의 책이 처음 나올 때 보통 초판을 1,000부에서 2,000부를 찍는데 초판을 2,000부를 찍어냈다면 자신의 분신 2,000개가 생겼다고 생각하면 된다. 지금까지 당신이 어딘가의 누군가를 만나 선교를 하고 전도를 했다면, 당신의 책이 출간됨과 동시에 2,000부의 책이 어딘가의 누군가를 당신이 만나고 있을 때 다른 어딘가의 누군가에게 읽혀지면서 당신의 일을 하는 것이다.

게다가 당신이 책을 출간하면 물 건너, 다리 건너 당신이 가지 못하는 곳까지 당신의 책은 일을 하기 위해 가기도 하는데 당신이 책을 쓰고 그 책이 출간되면 저작물 관련 에이전시에서 당신의 책을 검토해본다. 그리고 그 책이 타국에서도 관심을 끌 만한 책이라도 판단되면 출판사 쪽으로 연락을 취하게 되고, 그러한 연락을 받은 출판사는 원작자인 당신에게 연락을 해 해외 판권을 에이전시에게 팔 것인지를 물어본다. 당신이 조건에 동의하여 판권을 팔게 되면 계약서에 명시된 판권료를 받게 되고, 당신의 책은 해외에서 출간되게 된다.

이런 식으로 해외로 판권을 팔게 되면 당신의 책은 그 나라 언어로 번역되어 출간하게 되고, 출간된 그 책은 해당 나라에서 읽혀지게 되는 것이다. 당신이 그 나라에 가지 않아도, 가본 적이 없어도 당신의 가르침이나 이념이 전해지게 되는 것이고, 영향을 끼치기 되는 것이다. 지금 우리가 손쉽게 세계 거장들의 책을 읽고, 해외 작가들의 책을 볼 수 있는 것처럼 당신의 책도 해외에서 그렇게 읽혀지는 것이다.

각 나라에 판권을 팔면 팔수록, 책을 더 출간하면 할수록 당신의 분신들은 늘어나게 되는 것이고, 더 많이 더 멀리서 당신의 일을 대신할 것이다. 그리고 당신의 생각과 이념은 세계 구석구석에서 전해져 당신의 가르침에 영향을 받을 것이고, 당신은 세계 곳곳에 영향을 끼치게 되는 것이다. 그렇게 당신이 한국에 있어도 세계 어디에도 있게 되는 것이다. 전 세계를 누비게 되는 것이다.

책은 또 다른 자신이다. 자신의 이념을 담은 정신적인 물체이다. 책은 당신을 대변하며 당신을 대신해 일한다. 당신을 대신해 하나님을 전할 것이고, 하나님의 곁으로 인도할 것이다. 당신이 하나님의 뜻에 따라 그 무엇을 하고 있고, 어디서 해야 하든 책은 그 뜻을 더 크게 이룰 수 있게 할 것이다.

특별한 무언가를 적어야 하는 것은 절대 아니다. 하나님을 만나기 전의 나는 어떠했으며, 어떻게 만났으며 만나고 나서 어떻게 바뀌었는지 그리고 어떤 식으로 쓰여 지길 바라는지만 써도 그 이야기를 누군가에게 감동과 영향을 줄 것이다. 당신의 간증이 바로 누군가에게는 성경처럼 이끌림의 시발점이 되는 것이다.

결국은 책을 써야 한다. 계속 기·승·전·결이 아닌 기·승·전·책·임을 말하고 있다. 이 책의 처음부터 지금까지 왜 책을 써야 하는지에 대해서 말해왔다. 그들이 왜 책을 썼는지, 왜 우리가 지금 책을 써야 한다고 말하는지에 대해 계속 말해왔고, 어떻게 써야 하는지도 말해왔다. 설사 당신이 지금 이 책의 모든 것을 시큰둥하게 여겨도 상관없다. 그럼에도 한 번 써보라. 그래서 우리가 지금까지 말해왔던 모든 것을 반박해도 좋다. 반박을 위해 책을 쓴 당신은 책을 쓰고 나서 반박할 것들이 사라질 것임을 알고 있으니 말이다.

더 이상 주저할 필요도 고민할 필요도 없다. 책은 우리의 임무이자 의무다. 책으로 가지 못하는 곳까지 가야하고, 책으로 만나지 못하던 사람들을 만나야 한다. 하나님은 이 땅을 이리 아름답고 넓게 만드셨다. 그리고 이렇게 많은 사람들을 창조하셨다. 이렇게 창조하신 것이 결코 한 부분에서 특정 사람들만 만나 어울려 살라는 의도는 아닐 것이다. 더 멀리, 더 넓은 곳에서 더 많은 더 다양한 사람들과 함께 하라는 뜻일 것이다.

나의 육체로는 한계가 있다. 하지만 나의 책은 그 한계를 넘어선다. 책으로 전 세계를 누벼라. 책으로 전 세계에 하나님을 알려라. 전 세계를 가서 직접 보고 들을 수는 없지만, 전 세계에 가서 보여주고 들려줄 수는 있다.

지금 당장 책을 써라. 그리고 그 책을 전 세계로 보내라. 나는 한계가 있지만 나를 통해 행하시는 것에 한계는 없다. 이제 나는 갈 수 없지만 나를 통해 못 가시는 곳이 없는 그 위대한 업적을 직접 확인하라.

크리스천의 책 쓰기

크리스천이라면 누구나 꼭 한 번쯤은 자신의 책을 써보기를 바란다. 책을 한 권 써내려가는 그 과정에서 또 한 번 주님이 역사하심을 느낄 수 있을 테니 말이다.

그렇다면 크리스천은 왜 책을 써야하며, 어떤 책을 쓰면 좋을지 직분으로 나눠 한 번 정리해보록 하자.

■ 목사

목사는 한 교회를 책임지고 이끌어가면서 그 교회 공동체 안에 있는 성도들의 영혼을 돌보는 목자다. 그런 담임목사의 가장 중요한 일은 설교를 통해서 영혼들에게 영의 양식을 공급하는 일이다. 또, 성도들의 가정을 심방하거나 상담 등을 통해서 성도들의 신앙을 성장하게 하며 돌보아야 한다.

목사는 대부분 70세 정도가 되면 은퇴를 하는 것이 일반적이다. 그러나 문제는 목사로 목회를 하다가 70세 쯤 은퇴를 하고 나면 아직 건강에는 이상이 없고 남은 생애는 아직 길지만, 특별히 할 일이 없다. 100세 시대라고 말하는 요즘 시대를 맞게 인생계획을 생각해야 하는 것은 목사도 예외는 아닌 것이다.

오히려 목회자들이 세상 사람들보다 평균 수평이 더 길기 때문에 목회를 하면서부터 책 쓰기를 시작해서 은퇴이후에도 보람되게 살 수 있도록 준비를 해야 한다. 현역 목회 시절뿐만 아니라, 은퇴 이후의 시간을 최고의 시간으로 보내는 비결은 바로 작가가 되는 책 쓰기이기 때문이다.

목사는 책을 쓸 때 몇 가지 유형이 있다.

첫 번째 유형은 자신이 목회를 하면서 느끼고 체험한 문제와 그 해답을 찾아가는 과정을 책으로 쓰는 유형이다.

김남준, 강준민, 하용조, 이동원, 옥한흠, 김진홍, 등의 목회자들이 그런 유형인데, 그들은 목회를 하면서 생각했던 문제들을 책으로 출간하면서 많은 공감과 영향력을 끼쳤다. 이중표 목사는 '별세목회'라는 책을 쓰고 매년 전국의 목회자와 사모을 대상으로 "별세목회" 특별 세미나를 개최하였다. 옥한흠 목사는 '평신도를 깨운다'라는 책을 쓰고 계속해서 목회자들이 평신도를 제자화 할 수 있도록 꾸준한 세미나를 열었다. 또한, 김진홍 목사는 빈민 목회를 하면서 특별히 깨달은 점들을 담은 책을 꾸준히 출간하고 있다.

두 번째는, 목회자이면서 전문 영역에서 책을 쓴 유형이다.

정태기 박사는 상담 쪽에 많은 전문 서적을 남겼고, 정태기 박사가 인도하는 치유상담 책은 아파하는 수많은 목회자들을 치유하는 역할을 하였다. 송길원 목사는 꾸준히 책과 세미나를 통해서 가정의 중요성을 일깨워 주었고, 이상관 목사는 '생명의 성령의 법'이라는 책으로 수많은 목회자와 선교사들이 복음으로 살 수 있도록 일깨워 주고 있다. 특히, 이상관 목사의 '생명의 성결의 법' 세미나는 목회자들이 복음의 본질로 돌아오게 하는 유익한 세미나이다.

세 번째 유형은 목회를 하면서 강단에서 외쳤던 생명의 말씀인 설교를 설교집으로 출간하는 유형이다.

대표적인 분으로 곽선희 목사를 꼽을 수 있겠다. 곽선희 목사는 강단에서 선포되었던 설교를 시리즈로 출간하여 많은 목회자들에게 유익을 주었다. 이중표 목사 역시 강단에서 선포한 설교를 시리즈로 출간하여 수많은 한국교회 목회자들에게 영향을 끼쳤다.

네 번째는, 목회를 은퇴하면서 후배 목회자와 교회를 위해서 책을 남기는 유형이다.

만일, 평생 복음을 위해 살아온 바울사도가 잘 정리된 복음서의 책을 쓰지 않았더라면 믿음의 후손된 우리에게 이처럼 유산으로 남겨져 복음을 바로 이해하고 깨닫게 되었을까 생각해 본다. 물론, 다른 사람을 통해서라도 쓰게 하셨을 테지만 말이다.

김경원 목사는 '목회자가 꼭 알아야 할 9가지'를 썼다. 서울 서현교회에서 30년 이상 목회를 하시고 은퇴를 하면서 쓴 책, '목회자가 꼭 알아야 할 9가지'는 후배 목회자들이 꼭 한 번은 읽어 봐야 할 책이 아닐 수 없다. 정체성, 갈등, 위기, 탈진, 자기관리, 직분자 세우기, 헬퍼 찾기, 양심 목회, 후임자 승계 등 중요한 이슈들을 알기 쉽게 기록한 좋은 책이다.

목사는 반드시 책을 남겨야 하는 위치에 있다. 현역에서 목회는 잘했든, 못했든 그 부분은 훗날 주님께서 판단하실 문제이니 내려놓고, 자신의 삶과 자신이 일구어온 목회현장의 이야기를 책으로 남겨 그 역사하심을 널리 알려야 한다.

지금은 100세 시대이다. 그렇기 때문에 목회자들이 70세에 은퇴를 한다고 해도 아직 할 수 있는 것이 많은 시대이다. 목사가 남긴 좋은 책을 통해서 앞으로도 더 많은 사람들이 좋은 가르침과 하나님의 은혜를 알아갈 수 있도록 은퇴 이후 그 시간들을 반드시 책으로 남기도록 해야 한다.

■ 전도사

전도사는 흔히 전임전도사와 교육전도사로 나뉜다. 전임전도사는 신학대학원을 졸업하고 주중에 교회에 출근하여 일하는 풀타임(Full-Time) 교역자를 말한다. 대한예수교장로회(통합)교단에서는 전임전도사라 부르고, 대한예수교장로회(합동) 교단 에서는 강도사라고 부른다. 말씀을 가르치는 사람이라는 뜻이다.

교육전도사는 말 그대로 교회 내에서 교육을 담당하는 전도사이다. 유치부에서부터 중고등부, 청년부까지의 교회 교육을 책임지는 신학 재학생들을 보통 교육전도사라고 부른다.

전임 전도사는 가능한 체계적인 독서로 내공을 쌓아 자신의 미래 목회의 전문 분야에 대한 책을 써야 한다. 책 읽는 습관과 책 쓰는 습관을 이때부터 기를 수 있다면 더할 나위 없다. 자신의 체계적인 장기 독서 계획을 세우고 그 책을 읽어나가면서 독서노트에 관한 책을 쓰는 것도 좋다. 그것은 훗날 미래 자신의 목회에 분명 큰 도움이 된다.

전임전도사는 일반적으로 2~3년, 그리고 부목사를 7년 정도 한다고 해도 전임전도사 때부터 담임목회를 할 때까지는 최소한 10여년의 시간이 있으므로 전임전도사의 책 쓰기는 장기적인 비전과 계획을 가지고 튼실하게 독서를 하면서 내공을 계속 쌓아가고, 그 내공의 힘으로 나의 달란트와 전공을 찾아 책을 쓰면 좋을 것이다.

미래는 정말 준비하는 자의 것이다. 준비한 만큼 쓰임 받는다. 그 준비 중에 가장 중요한 준비는 학위보다는 독서이자 자신의 저서이다. 문학, 철학, 역사 등 인문학에도 관심을 가지고 깊이 있는 독서를 해나가면 좋을 것 같다.

교육전도사는 현재 교회학교기 없는 교회가 70% 이상이 된다고 한다. 교육전도사는 아이들의 미래와 신앙을 책임지는 역할로서 그 책임은 굉장히 중요하다.

교육전도사는 자신의 미래의 목회 비전과 꿈을 담은 책을 써보도록 하자. 교육전도사는 학교 공부와 주일에 교회 교육부서 사역을 병행하는 신학생이다. 엄밀한 의미에서 보면 목회자라기보다는 공부를 열심히 해야 하는 신학생에 더 가까운 것이 교육전도사이다. 그러나 장차 먼 미래를 그려볼 때 교육전도사 시절부터 미래의 목회 비전을 담은 책을 쓴다면 그 책 한 권은 훗날 자신의 목회를 밝게 비추어주는 등대 같은 책이 되어줄 것이다.

또한, 교육전도사는 미래를 위해 기도를 많이 해야 할 시기임으로 기도에 관한 심도 있는 책을 써보는 것도 좋다.

■ 군목과 군종

군목과 군종은 군대라고 하는 특수한 영역 안에서 군인들을 대상으로 복음을 전하고 그들을 돌보는 목회자를 말한다. 군대시절은 인생의 해답이 필요한 젊은 청춘들이 모이는 곳이기 때문에 군목과 군종의 역할은 너무나 중요하다.

군목과 군종은 자신의 군 생활 체험을 책으로 쓰는 것이 제일 좋은 콘텐츠가 된다. 군에서의 체험과 믿음의 이야기는 계속해서 기록되고 책으로 출간 되어야 한다. 또한, 아직 젊은 20대의 군목과 군종은 장차 군 생활 이후의 인생에 대한 비전에 관한 가이드북으로써 신앙서적을 써보는 것이 좋다. 군목과 군종제도는 우리나라가 통일이 된 이후에도 존속할 것이다. 그러므로 장기적인 비전과 목적을 가지고 군목과 군종들은 책을 남겨서 축적된 믿음의 경험들을 쌓아 가는 것이 좋을 것이다.

■ 장로, 권사, 집사

장로, 권사, 집사는 주님의 몸 된 교회 공동체를 형성하는 뼈대와 같은 직분이고 역할도 크다. 집으로 말하면 기둥과 석가래 같은 존재라고도 할 수 있다. 교회 안에서는 목회자를 도와서 교회를 세워가는 역할을 하지만 장로, 권사, 집사 중에는 사회적으로 큰 역할을 감당하며 존경받는 분들이 많이 있다.

그런데 그 분들이 귀중한 직분과 역할임에도 불구하고 책을 써서 기록을 남기신 분들은 많지 않다. 그래서 이 글을 쓰면서 교회에서 중추적인 역할을 하고 있는 장로, 권사, 집사 직분의 소중한 분들이 책을 쓰고 남기는 일에도 중추적인 역할을 감당해 주었으면 하는 마음이다.

장로, 권사, 집사님들은 '담임목사를 도와 교회 공동체를 세워가는 신실한 믿음의 사람들'이라는 공통점이 있고, 집사는 항존 직인 안수집사의 경우 장로로서의 역할과 직분을 준비해가는 연장선이다. 감리교에서는 장로교의 안수집사에 해당하는 직분을 권사라고 부른다. 책을 쓰는 일을 미션의 관점에서 보더라도 장로, 권사, 집사는 가장 중요한 직분이라고 할 수 있다. 앞으로 장로, 권사, 집사님들의 책들이 더 많이 출간되기를 바라본다.

■ 평신도

큰 의미로 보면 장로, 권사, 집사도 평신도이다. 그러나 '평신도'를 따로 분류한 이유는 '평신도'를 교회에 처음 출석한 새 신자, 또는 아직 서리 집사직분을 받기 전의 성도로 분류하기 위해서이다.

세상을 살다가 전도를 받고 또, 예수를 구주로 고백하고 교회 공동체의 일원이 되면 처음에는 여러 가지 생소한 것이 많다. 그러나 그 평신도 때 오히려 교회와 세상을 가장 균형 있게 바라볼 수도 있다. 교회에 오래 다닌 목사, 장로, 권사, 집사는 교회에 너무 익숙해서 오히려 교회를 객관적으로 보지 못할 수도 있다. 하지만 갓 신앙생활을 시작하면서 교회 공동체의 일원이 된 평신도의 눈으로는 사회와 교회는 어떻게 해야 한다는 것을 균형 있게 볼 수 있다.

이 부분은 우리나라 작가 중 자기계발 분야의 최고 권위를 자랑하는 공병호 작가의 책 중 '공병호의 성경공부'를 통해 잘 알 수 있다.

그는 최근 신앙심을 갖게 된 평신도이자 성도이다. 그렇기에 그가 바라보는 교회의 시야는 더 균형 잡힌 관점이기에 충분했다. 공병호 작가는 '공병호의 성경공부'에서 자신이 믿음을 갖게 된 내용을 이렇게 말했다.

"그러던 어느 날이었습니다. 믿음을 갖기 시작한 지 오래 되지 않은 아내가 한 목회자의 동영상 설교를 들으면서 채소를 다듬고 있었습니다. 그동안 여러 번 아내 곁에서 목회를 들었습니다만 그저 좋은 이야기로구나 하는 생각이 고작이었는데, 그 날은 웬일로 집중이 되는 것이었습니다. 그러다 불현듯 "여보, 바로 저게 진리였네!"라는 말을 툭 던지기까지 했습니다. 그렇게 저는 예수를 믿는 자의 대열에 들어서게 되었습니다."

이어 말하는 공병호 작가는 왜 평신도가 책을 써야 하는지에 대해 잘 설명해 주고 있다.

"세상에는 예수님이란 주제만을 놓고 평생을 공부하는 뛰어난 신학자들도 많고 새벽부터 밤늦게까지 예수님의 일을 맡아서 하는 훌륭한 목회자들도 많습니다. 그래서 굳이 평신도가 이런 책을 쓸 필요가 있는가라는 생각을 하기도 했습니다. 그러나 나름대로 숙고 끝에 매우 큰 의미가 있다는 결론에 도달했습니다. 목회자가 아니라 평신도의 입장에서, 오랫동안 하나님과 떨어져 있었던 사람 입장에서 느끼고 볼 수 있는 것도 많을 것이라고 생각했기 때문입니다. 오랜 영적 방황 후 그 방황의 끝자락에서 진리를 붙잡은 사람은 더 절실히 이를 전할 수 있다는 생각을 굳혔습니다."

공병호 작가의 말 그대로이다. 새 신자인 평신도가 쓴 책들은 오히려 교회를 오래 다닌 목회자나 장로, 권사, 집사의 책보다 더 균형 잡힌 시야를 가지고 책을 쓸 수 있는 것이다.

여러모로 크리스천이라면 직분에 상관없이 꼭 자신의 경험과 위치에 따라 책을 써보기를 권한다. 그 과정에서 느끼게 될 주님의 은혜로움과 또 한 번 경험하게 될 기적은 해보지 않은 사람은 결코 알지 못한다. 우스갯소리로 '아, 정말 좋은데, 표현할 방법이 없네!' 말처럼 말이다.

책을 써봄으로써 당신도 그 행복감을 꼭 느껴보길 바란다.

믿음으로 쓰기

　1965년 7월 31일, 잉글랜드의 한 작은 마을인 예이트에서 한 여자아이가 태어났다. 그녀는 어릴 때부터 유난히 책을 좋아했고, 종종 자신이 지어낸 이야기를 하는 것을 좋아했다. 초등학교 시절 때부터 취미삼아 이런 저런 글을 적는 것을 좋아했지만 그녀가 대학을 졸업하고 얼마 되지 않아 어머니가 세상을 떠나면서 큰 슬픔에 빠지게 되었다. 그후로 포르투칼에서 영어학교의 교사로 일하면서 3살 연하의 남편을 만나 결혼을 하게 됐고 딸도 낳으며 행복한 가정을 꾸려 나갔다. 하지만 행복한 가정생활도 얼마 지니지 않아 성격 차이로 인해 별거를 하게 되고 만다.

결국 딸을 데리고 영국으로 돌아간 그녀는 주위의 도움으로 겨우 정착을 하기 시작했고, 남편과도 이혼 절차를 밟아가기 시작했다. 무직의 상태인 그녀는 정부 보조금을 받으며 겨우 육아와 생계를 이어갈 수 있을 정도였으며 이러한 상황에 그녀는 점점 더 절망감에 빠지게 된다.

하지만 그런 과정에서도 그녀는 교사 자격 인증 석사 학위과정을 밟았고, 틈틈이 소설을 집필했다. 그녀는 종종 유모차를 끌고 나와 집 근처의 카페에서 원고를 썼는데 카페 안의 모두가 여유롭게 커피를 마시며 담소를 나눌 때, 그녀는 필사적으로 생계를 위해 소설을 쓰고 또 썼다.

그녀가 쓰고 있던 소설은 그녀가 기차를 타고 갈 때 우연히 받은 영감으로 시작되었는데 5년간의 집필 끝에 겨우 첫 권의 원고를 완성시킬 수 있었다. 천신만고 끝에 완성시킨 원고를 들고 블룸즈버리라는 출판사와 겨우 계약을 맺는데 성공했지만 초판으로 겨우 500부만을 출간하는 조건이었다. 블룸즈버리 출판사 관계자는 출판 계약을 맺으면서도 아동도서로 많은 돈을 벌 순 없을 것이라고 그녀에게 말했다.

하지만 시간이 지나면서 그녀의 책은 사람들 사이에서 입소문을 타기 시작했고, 몇 년 뒤 미국에서 이 책을 눈여겨보던 출판사 한 곳이 그녀에게 연락이 와 선인세 10만 달러(약 1억원)로 출판 계약을 맺기에 이르렀다. 그 이후 그녀의 책은 전 세계적으로 불티나게 팔리기 시작했고, 그녀의 책은 세계적인 베스트셀러가 되어 67개국의 언어로 번역되어 4억 권 이상 판매되었다. 이 기록은 성경 다음으로 많이 팔린 책이라는 명예를 안겨 주었다.

이 책의 주인공인 그녀의 이름은 조앤 K. 롤링이고, 그녀가 쓴 책은 바로 우리가 너무나 잘 알고 있는 〈해리포터〉이다. 그녀는 하버드 대학교 졸업식 축사에게 이렇게 말하기도 했다.

"제가 여러분들 나이에 가장 두려워했던 것은 가난이 아니라 실패였습니다. 여러분이 젊고 유능하며 고등교육을 받았기 때문에 어려움이나 고통을 모른다고 생각하지는 않습니다. 하지만 여러분이 하버드 졸업생이라는 사실은 곧 실패에 익숙하지 않다는 뜻이기도 합니다. 성공에 대한 열망만큼이나 실패할지도 모른다는 두려움이 앞으로의 여러분의 행동을 좌우하겠지요.

대학 졸업 후 저는 7년 동안 엄청난 실패를 겪어야 했습니다. 결혼에 실패하고, 무직에 싱글 맘으로 가난에 허덕여야 했지요. 누가 봐도 전 실패한 사람이었습니다. 저는 정말 힘들었고, 그 긴 터널이 언제 끝날지 알 수조차 없었습니다.

그러나 그 긴 시간동안 저는 실패의 미덕을 배웠습니다. 실패가 제 삶에서 불필요한 것들을 제거해준 것입니다. 비록 밑바닥 인생일지언정 저는 여전히 살아있었고, 사랑하는 딸이 있었고, 낡은 타자기와 엄청난 아이디어가 있었습니다. 저는 모든 에너지를 가장 중요한 일에 쏟아내려 했습니다. 가장 밑바닥이 인생을 바로 세울 수 있는 기반이 되어준 것입니다.

여러분은 제가 겪은 만큼의 큰 실패를 하지 않을 거라 믿습니다. 하지만 살아가다 보면 몇 번의 실패는 결코 피할 수 없습니다. 또 실패 없이는 자신이 진정 누구인지, 누가 진실한 친구인지도 알 수 없습니다. 이 두 가지를 아는 것이야말로 가장 큰 자산인 것입니다.

삶에는 성공보다 더 많은 실패와 상처들이 존재합니다. 그러나 실패가 두려워 아무것도 하지 않는다면 시작하자마자 패배한 것이나 다름없습니다. 인생은 성공한 일을 적어놓는 목록이 아닙니다. 이것을 알게 되면 여러분은 분명 행복할 수 있을 것입니다.

세상을 바꾸는데 마법은 필요하지 않습니다. 그 힘은 이미 우리 내면에 존재하고 있습니다. 우리에게는 더 나은 세상을 상상할 수 있는 힘이 있습니다."

그녀는 절망 속에서도 믿음을 잃지 않았다. 매 순간 포기하고 싶고, 내려놓고 싶은 순간에도 끝내 책을 썼다. 오직 믿음 하나로 말이다. 책을 써본 사람은 안다. 원고가 1년, 2년이 지나가도 끝나지 않으면 이 원고에 대한 자신감도, 의욕도 사라진다는 것을 말이다. 하지만 그녀는 5년의 시간에 걸쳐 원고를 완성시켰다.

아동도서는 잘 팔리지 않을 거란 출판사에 말에도 포기하지 않았다. 그리고 500부로 시작한 그녀의 책은 이제 전 세계에 5억권 가까운 판매량을 이어가고 있다. 이것은 믿음이 있었기 때문이다. 영감을 주신 것에는 분명 뜻이 있을 거라고, 이 책으로 분명 일어나게 될 것을 알았고 믿었기 때문이다. 그런 믿음이 없이는 결코 그 오랜 시간을 포기하지 않고 끝내 할 수는 없을 것이다.

나는 책 쓰기 강의를 할 때면 자주 이런 말을 한다.

"저는 책 목차를 정할 때는 반드시 기도와 명상을 가진 뒤 진행합니다. 목차가 영감을 받아 한 번에 나오면 그 책의 집필은 쉬워집니다. 하지만 억지로 짜내서 정한 목차는 집필 속도도 부진합니다. 쓰기 힘들다는 소리죠. 마치 작곡가가 영감을 받아 몇 분 만에 한 곡을 만들어 내듯이 저도 목차를 정할 때는 꼭 그런 영감을 받아서 합니다."

무엇을 써야할지, 잘 쓸 수 있을지, 다 쓸 수 있을지를 염려하지 말라. 목차를 영감 받아 짜듯 원고도 쓰다보면 내가 아닌 하나님께서 다 이끌어 주시고 영감을 주신다. 그렇게 한 권의 원고를 다 쓰고, 그 원고를 다시 읽어보면 깜짝 놀라기도 한다. '내가 이런 말을 썼다니, 이런 생각을 할 수 있었다니..' 하며 말이다.

당신이 지금 이 책을 손에 쥐고 이 책의 마지막까지 읽고 있는 것은 결코 우연이 아니다. 이 책이 당신에게 온 것은 필요로 인해 온 것이고, 이 책을 당신이 읽고 있는 것은 하나님의 이끄심에 의한 것이다. 이제 당신의 이야기를 기록하고, 그 기록으로 당신의 시간을 이 땅에 남기라는 뜻이다.

언제나 그랬듯 두려움은 믿음으로 이겨내라. 모든 것은 당신이 생각지도 못했던 방식으로 이루어질 것이다. 이 책이 그랬듯, 당신의 책도 그리 만들어질 것이다. 당신으로, 당신의 책으로 이 땅에 보여주시고, 전해주실 것이다.

글쓰기와 다른 책 쓰기

글쓰기와 책 쓰기는 다르다. 단순히 단편의 글을 모아 한 권 분량으로 만들어 책으로 출간하는 것이라고 생각한다면 오산이다. 글쓰기와 책 쓰기는 목표점에서 큰 차이를 두기 때문에 글을 잘 쓰는 사람이 반드시 책을 잘 쓰는 것은 아니다.

음악으로 비유를 하자면 우리가 SNS나 블로그에 자신이 개인적으로 글을 올려 인기를 얻는 사람은 노래방에서 노래를 잘하는 아마추어로 표현할 수 있겠다. 하지만 온라인상에서의 글이 인기를 얻어 유명인이 되거나 책으로 출간하는 경우도 있는데 이것은 노래방 등에서 노래를 잘하던 아마추어가 인기를 얻어 가수로 데뷔하는 경우라 할 수 있겠다.

글쓰기와 책 쓰기를 음악적으로 표현하자면 공연도 자주 하고 활동도 많이 한 보컬을 글을 잘 쓰는 사람이라고 하자면, 앨범 녹음을 하고 자신의 곡을 앨범으로 내본 보컬을 책을 출간한 작가라고 말할 수 있다.

앨범을 내보지 않은 보컬과 한 번이라도 앨범은 내 본 보컬은 차이가 있다. 음악을 해본 사람들은 이 차이를 안다. 아무리 라이브나 무대에서 많이 노래해 본 보컬이라 할지라도 앨범을 내는 것과는 또 다르다. 앨범을 내기 위해서는 정확한 음정, 박자에 맞춰 녹음을 해야 하기 때문에 한 곡, 한 앨범의 작업을 끝내기 위해서 수백, 수천 번의 녹음을 하기도 한다. 거기에서 오는 성장은 상상 이상이기 때문에 앨범을 내본 보컬과 아닌 보컬은 그 수준차이가 분명하다.

책을 쓰는 일도 이와 마찬가지다. 글쓰기는 그 주제에 맞게 짧게, 혹은 길게 순간순간 써 내려가면 되지만, 책 쓰기는 한 권의 책이라는 주제에 맞게 전체적인 흐름을 생각하면서 1꼭지 1꼭지를 써야 하기 때문에 1권의 책을 씀으로써 성장하게 되는 부분이 분명히 존재 한다.

우리는 뛰어난 문체, 필력, 각종 미사어구를 잘 쓰는 사람들을 보면 글을 잘 쓴다고 한다. 하지만 책은 문체, 필력, 각종 미사어구를 잘 쓴다고 해서 잘 쓸 수 있는 것은 아니다. 책은 책 전체가 가지고 있는 구성력, 책 전체 주제에 맞게 표현해내는 표현력 등 일반 글쓰기와는 다른 부분이 더 강조된다. 그래서 글을 잘 쓰는 사람이 꼭 책도 잘 쓰는 것은 아니다.

지금까지 다양한 직업군의 예비 작가를 코칭해 왔지만 교수, 국문과 출신 등의 사람들의 코칭이 오히려 더 힘들었던 경우가 종종 있는데 그 이유는 교수나 국문과 출신의 사람들은 자신이 알고 있는 지식수준이나 단어 등을 많이 쓰려고 하는 성향 때문에 어렵고 고급스러운 문체를 즐겨 썼기 때문이다.

책은 논문이나 일기가 아니다. 책은 늘 비슷한 지적 수준의 사람들만이 보는 것도, 혼자 보기 위한 것도 아니다. 책에도 타깃층이 정해져 있다고는 하나 그 타깃층은 일반 논문이나 일기보다는 훨씬 넓을 수밖에 없다. 그래서 책은 그 타깃층의 사람들이 모두 잘 이해할 수 있도록 쉽게 잘 풀어서 써야 한다.

책 쓰기가 글쓰기보다 상위 요소에 있는 것은 아니다. 그저 같은 분류지만 다른 장르라고 보는 것이 옳겠다. 글쓰기에서 배우고 얻을 수 있는 게 있다면, 책 쓰기에서도 배우고 얻을 수 있는 것이 있다. 그렇기에 글만 쓰는 것에 만족하지 말고, 책을 써보는 일에도 도전해보길 바란다. 자기성찰과 자시성장에 책 쓰기만큼 효율적인 것도 없으니 말이다.

책 쓰기
실전

책쓰기 1단계. 어떤 책을 쓸 것인가?

누구나 처음 책을 쓰겠다고 결심했다면 가장 먼저 생각하고 결정을 내려야 할 것은 바로 '무엇'을 쓸 것인지를 정하는 것이다. 쉽게 말하자면 어떤 '주제'를 담고 있는 책을 쓸 것이냐를 정해야 하는 것이다.

"어떤 책을 쓰세요?"

처음 만나는 사람과 인사를 나누고 직업이 작가라고 밝히면 가장 많이 되돌아오는 질문이 바로 "어떤 책을 쓰세요?"이다. 어떤 책을 쓰냐는 질문은 어떤 주제, 어떤 장르의 책을 쓰냐는 질문이기도 한데 작가라고 하자마자 가장 먼저 돌아오는 질문이 '어떤 책을 쓰세요?'인 것은 '어떤 책을 쓸 것이냐'는 가장 중요하고, 가장 우선시되어야 하는 요소이기 때문이다.

이렇게 책을 쓰는 것에 있어 '어떤 책을 쓸 것인지'는 가장 중요하고, 가장 먼저 정해야 하는 일임에도 불구하고 이것조차 쉽게 찾지 못하고, 정하지 못하는 사람들이 많다. 사실 어떤 책을 쓸 것인지를 정하는 것 자체가 이미 어떤 주제의 책을 출간하느냐를 정하는 일이기 때문에 신중하고 어려운 작업인 것은 분명하다. 그렇다보니 어떤 책을 쓸 것인지를 결정하는 단계에서부터 지치고 포기해버리는 경우도 빈번하게 나오기도 한다. '역시 책은 아무나 쓰는 게 아닌가보다.' 라는 생각에 말이다.

하지만 이러한 결정은 여러 권의 책을 낸 작가들에게도, 이미 10권 가량의 책을 출간한 나에게 있어서도 언제나 여전히 어려운 문제이다. 매번 다음 책의 콘셉트를 찾고 소재를 얻기 위해서 누군가는 여행을 다니기도 하며, 누군가는 다양한 책을 읽기도 한다. 다음 책의 소재를 찾지 못해 차기작까지 몇 년을 걸리는 경우도 있을 정도니 책의 주제와 소재를 찾는 일은 여간 쉬운 일은 아님은 두 말할 필요가 없을 것이다.

처음 내가 책을 쓰려고 마음먹었을 때도 책의 주제를 확실히 잡지 못해 애먹었던 기억이 있다. 오랜 투병생활에 대한 이야기를 쓸까? 내면에 관한 이야기를 쓸까? 이런 저런 고민으로 수십 번 원고를 뒤엎었던 경험이 있다. 주제를 정하는 데 도움이 될까 하여 수십 권의 책을 읽어보고, 명상을 하는 등 다양하고 다채로운 방법을 많이 시도해 보았다.

그렇게 해서 결국 쓰게 된 책이 바로 첫 번째 저서인 '이제 드림빌더로 거듭나라'였는데 자서전 형식의 자기계발서였다. 내가 첫 번째 책의 주제를 그렇게 잡은 데에는 분명히 그럴만한 이유가 있었다.

나는 어릴 적부터 오랜 투병생활을 해왔다. 덕분에 한참 친구들이 뛰어 놀고 있을 때 나는 방 안에 누워 책만 보고 있을 수밖에 없었다. 그리고 어린 나이 때부터 내가 왜 이런 삶을 살아야 하는 지에 대한 고민과 고찰의 시간을 많이 가졌다. 그 해답을 찾기 위해 절에도 들어가 보고, 교회에서 제자훈련도 받았다.

그러던 어느 날, 몇 시간 동안 깊은 기도에 빠져 있었는데 나는 울분을 토해내며 하나님께 화를 냈다.

"왜 제가 이토록 힘들어야 하는 것입니까? 왜 내게 이런 시련을 주시는 겁니까? 왜 그렇게 힘든 시간동안 나를 혼자 두셨나이까?"

이렇게 따졌던 것이다. 그렇게 내가 울면서 따지자 그 순간, 단 한 마디의 음성이 들려왔다.

'나는 언제나 너와 함께 있었느니라.'

이 단 하나의 음성이 들렸고, 이 음성이 들리자마자 지금까지의 시간이 주마등처럼 스쳐지나갔다. 그리고 지금까지 이해가 되지 않았던 모든 일들이 순식간에 모두 이해가 되었다. 나는 그 기도를 통해 그제야 마음의 짐을 내려놓을 수 있었고, 편안해질 수 있었다.

나는 이런 나의 과정과 그 과정에서 깨달은 바를 책에 담고 싶었다. 하지만 내가 첫 저서의 주제를 이렇게 잡은 데에는 이것 말고의 이유도 있었다. 그것은 지금까지 출간된 책과는 확실한 차별화를 두고 싶다는 것이었다. 그리고 그 차별화로 생각한 것이 바로 나만의 사례였다. 어느 책에서나 볼 수 있는 유명한 사람들의 사례나 명언들이 아닌 나의 직접적인 사례와 경험에서 깨달은 명언들로 채우고 싶었다. 그래서 주제를 '드림빌더'라는 단어에 두고, 누구나 꿈꾸는 모든 것을 이룰 수 있다는 주제를 가지고 글을 써나갔던 것이다.

처음 책 쓰기에 도전하는 예비 작가분들에게 나는 언제나 자신이 하루 동안, 혹은 지금까지 가장 많은 시간을 투자하고, 많은 시간을 할애하고 있는 것을 첫 번째 책의 주제로 잡으라고 설명 드린다. 그래야 자신만의 다양하고 차별화된 사례로 글을 채울 수 있고, 진정성이 잘 드러나기 때문이다.

책은 전달의 매개체이다. 결국 좋은 책은 어떤 내용을 어떤 식으로 잘 전달하느냐로 판가름이 난다. 우리는 종종 미디어를 통해 잘 포장되고 꾸며진 것보다 자신의 이야기를 진솔하게 꾸밈없이 드러냈을 때 더 큰 감동을 받고 더 큰 공감을 얻는 것을 볼 수 있다. 이처럼 자신의 진솔한 경험을 바탕으로 어떤 주제를 드러냈을 때 더 많은 공감을 얻고 감동을 줄 수 있는 것이다. 그렇기 때문에 자신이 가장 많은 시간을 할애하고, 가장 자주 접하며, 가장 잘 알고 있는 것을 주제로 삼으면 첫 책을 쓰기가 훨씬 더 수월해진다.

그렇다면 여기서 일반인이 아닌 크리스찬이 첫 책을 쓸 때는 어떤 주제가 가장 좋겠는가? 바로 자신의 '간증'이다. 물론 모태 신앙인 크리스찬도 많지만 모태 신앙인 크리스찬에게도 하나님을 접하고, 하나님을 경험하게 되는 순간이 있다. 그리고 누구나 그 순간부터 많은 것들이 변하기 시작한다.

크리스찬에게는 이러한 '간증'이 큰 공감대를 얻을 수 있고, 큰 감동을 줄 수 있다. 하나님을 만나기 전부터, 만나게 됐을 때, 그리고 만나고 난 뒤 바뀐 삶의 이야기가 많은 이들에게 하나님의 사랑을 전하고, 하나님의 영광을 전하는 데 있어 큰 다리 역할을 한다. 자신에게 일어난 일은 불신자에게는 호기심을 자극하고, 같은 크리스찬에게는 큰 공감대를 얻게 해준다. 다름아닌 자신이 하나님을 만난 이야기가 가장 큰 감동의 이야기가 되는 것이다.

주제와 장르는 앞서 말했듯이 여러 권의 책을 낸 작가들에게도 가장 어렵고 원초적인 문제이다. 장르와 주제를 정하는 것은 책 전체의 색깔을 좌지우지 하는 일이기 때문에 쉽게 정하고 쉽게 결정 내리는 것은 오히려 성급한 일이다. 하지만 영감을 받고 주제가 정해지면 원고 자체는 술술 써나가지는 경우가 많다. 마치 작곡가가 갑자기 영감을 받아 곡 전체를 10여분 만에 작곡해버리는 일처럼 말이다.

책의 색깔이 되고, 책의 중심이 되는 주제! 신중하면서도 차별화되는 주제로 책 쓰기의 첫 단추를 잘 낄 수 있도록 해야 할 것이다.

책의 중심이 되는 주제는 분명 중요하다. 하지만 주제를 정하면서 반드시 함께 검토해봐야 하는 부분도 있는데 그건 바로 책의 장르이다. 이 책이 어느 장르의 책이 될지를 먼저 정해야 하는데 책의 장르는 꽝

장히 다양하고 세부적으로 나눠져 있다. 하지만 걱정할 필요는 전혀 없다. 온라인이든 오프라인이든 서점에 들어가 보면 굉장히 디테일하게 장르별로 책이 다 나눠져 있으니 말이다.

소설/에세이/자녀교육/자기계발/인문/경제경영/청소년/건강/철학/외국어/아동/요리

이 외에도 장르는 다 나열을 할 수도 없을 만큼 다양하고 다채롭게 나눠져 있다. 그리고 지금 이 순간에도 새로운 장르는 계속 생겨나고 있다. 요즘에는 퓨전형식이라 해서 한 장르에 국한되는 것이 아니라 여러 장르가 믹스된 복합장르도 나오기 때문에 나눠져 있는 장르 안에 국한될 필요는 없다. 다만 쓰려는 책의 주제를 뚜렷하게 하려면 메인이 될 장르는 반드시 정해놓고 가는 것이 필요하다. 아무리 디자인 적으로 개성 있고, 색다른 집이라 할지라도 그 집의 콘셉트는 잡아줘야 하는 것처럼 말이다.

장르는 선택할 때는 가장 중심적으로 생각해봐야 할 질문이 있는데 그것은 바로,

'내가 무엇을 전달하려고 하는가?'

이다. 같은 내용으로 책을 쓰더라도 내가 전달하려고 하는 중심이 달라지면 책의 장르는 달라진다. 예를 들어 육아에 관한 책을 쓴다고 했을 때, 육아를 할 때 나만의 육아법이나 tip에 대해서 책을 쓰려고 한다면 쓰려고 하는 장르는 '육아 자기계발서'가 될 것이다. 하지만 아이를 키우면서 느낀 감정이나 에피소드 위주로 글을 쓰려고 한다면 그 장르

는 '에세이'가 되는 것이다.

물론 크리스찬이 설교집이나 간증에 관한 책을 쓰면 그 장르는 '종교'로 분류가 된다. 그런데 왜 장르에 대해서 굳이 이야기를 하고 있을까? 그것은 같은 내용이라 하더라도, 같은 장르라고 할지라도 전달하려는 중심이 달라지면 책의 주제자체는 확연히 달라지게 된다.

내가 성경을 잘 읽어야 한다는 종교 안에서도 자기계발 형식으로 쓸 것인지, 간증을 주제로 한 감동을 주는 수필형식의 글을 쓸 것인지, 설교집 형식으로 쓸 것인지는 분명히 정하고 책을 써야 한다.

장르는 그리 중요하지 않다. 하지만 가장 중심적으로 전달하려는 게 무엇인지는 분명히 정하고 책을 써야 한다. 집을 지을 때 주축이 되는 기둥을 세워두고 짓는 것처럼 책도 어떤 주제를 어떤 형식으로 쓸 것인지는 정해놓고 가는 것이 중요하다. 그래야 책에서 여러 가지에 대해서 이야기를 하더라도 중심, 즉 주제는 흔들리지 않는 책이 되는 것이다.

그렇지 않으면 책을 다 읽고 난 뒤 독자들은 '하고 싶은 말이 뭐야?'라는 의구심이 들어버린다. 책은 결코 독자에게 그런 느낌을 줘서는 안 된다. 언제나 저자는 자신이 이 책을 왜 쓴 것인지에 대한 주제를 명확히 해줘야 한다.

당신이 쓴 책은 분명 이 책을 읽는 사람들에게 무언가를 전달할 것이다. 그리고 적든 많던 영향을 끼칠 것이다. 이 때 당신은 무엇으로 어떤 영향을 끼칠 것인가? 이것을 명확하게 하는 것이 바로 주제와 글의 형식을 정하는 일이다. 이렇게 생각한다면 결코 가볍게 주제와 형식을 정할 수는 없을 것이다.

하지만 그렇기에 기분 좋고 설레는 마음으로 주제와 형식을 정해보자. 이 책이 나왔을 때 얼마나 많은 사람들에게 선한 영향력을 끼칠 것인지, 이 책을 읽은 많은 사람들이 얼마나 감동을 받고 행복해할 것인지를 떠올려보면서 행복한 마음으로 말이다. 책을 쓰는 일은 바로 거기에서부터 시작되는 것이다. 내가 쓴 책이 얼마나 많은 사람들을 행복하게 할 것인지, 얼마나 많은 사람들에게 하나님의 사랑을 전할 것인지부터.

자, 이제 그 기분 좋은 시작을 이 책과 함께 시작해보도록 하자!

책쓰기 2단계. 책에 이름을 붙여주자

1단계에서는 어떤 주제의 책을 쓸 것인지, 어떤 형식을 기본 틀로 잡고 책을 쓸 것인지에 대해 설명했다. 그리고 이번 단계에서는 그 주제와 틀에 맞는 책의 제목을 정해보려고 한다. 책의 제목은 물론 나중에 제작 단계에서 수정될 수도 있다. 하지만 가제로라도 제목을 잡고 책을 쓰지 않으면 이 책 전체의 색깔이나 주제가 흐트러질 수 있기에 반드시 가제로라도 책의 이름을 정해주고 집필하는 것이 좋다.

하나님이 창조하신 모든 생명, 그리고 사물에도 각자의 이름이 있다. 모든 존재는 그 이름을 불리어짐으로써 그 존재감을 드러낸다. 사람도 마찬가지이다. 이름이 없는 사람은 그 존재감을 드러낼 수 없다. 우리는 종종 미디어를 통해 자신의 이름을 잃어버리거나 도둑맞은 사람들이 얼마나 힘든 고난을 겪게 되는 지를 본 적이 있다. 이처럼 이름이라는 것은 공기처럼 당연한 듯해서 소중한 줄을 모르지만 없으면 안 되는 필수적인 요소인 것이다. 그리고 우리는 이제 모든 사물에게 이처럼 가장 중요한 요소 중 하나인 이름을 원고 집필 전에 먼저 붙여줄 것이다.

책의 제목은 책의 존재감을 주는 동시에 책의 첫인상으로 남는다. 좀 더 현실적으로 접근하자면 책의 제목은 책의 판매율과도 직접적인 연관이 있다. 온라인 서점이든 오프라인 서점이든 독자들이 책을 선택할 때 가장 먼저 보는 것이 바로 '책의 제목'이기 때문이다. 책이 아무리 좋은 내용을 담고 있다 하더라도 읽어주는 이가 없으면 그 책은 빛을 발하지 못하고 사장되어버리고 만다.

세상에 좋은 책은 널리고 널렸다. 하지만 우리가 아는 좋은 책은 우리가 알고 있고, 읽은 책들이다. 우리가 알고 읽은 책 말고도 좋고 좋은 수십만 권의 책들이 세상에는 널려있다는 소리다. 좋은 책임에도 독자들에게 읽혀보지도 못하고 사장되어 있는 것이다.

지금도 하루에 수십 권의 새로운 책이 출간되고 있는데 심혈을 기울여 쓴 나의 책이 이런 식으로 사장되게 할 수는 없는 노릇이다. 그렇기에 독자들의 눈이 갈 수 있게, 흥미를 유발할 수 있도록 제목을 정하는 것은 정말 중요한 일이다.

책의 제목을 정할 때는 가능한 자극적이고, 세련되게 하는 것이 좋다. 책의 제목에도 시대적인 흐름이 있기 때문에 요즘 유행하는 단어나 시대적인 흐름에 맞는 제목으로 구상하는 것이 좋다.

예전에는 '웰빙'이란 단어가 한참 이슈였다. 그 무렵 '웰빙'을 넣은 제목의 책들이 수두룩 쏟아져 나왔다. 그리고 얼마 전까지만 하더라도 '힐링'이란 단어가 유행하면서 또 다시 '힐링'을 넣은 제목의 책을 쏟아져 나오기도 했다. 이처럼 책의 제목은 시대적으로 핫이슈가 되는 단어를 넣는 경우가 많은데 이것은 비단 책의 판매율만을 보고 이렇게 하는 것은 아니다.

책은 작가의 만족을 위해 쓰는 것만은 아니다. 작가 자신을 만족하기 위해 쓰는 글이라면 일기나 쓰면 될 것이다. 하지만 우리가 굳이 쓴 글을 책으로 내는 것은 나 자신뿐만 아니라 이 책을 읽는 독자들에게 영향을 끼치고 싶기 때문이다. 그렇다면 현재 독자들의 취향과 바람을 만족시키는 것도 염두를 해야 하는 것이다. 그렇기 때문에 제목을 지을 때는 시대적으로 이슈가 되는 단어나 말투 등도 고려를 해야 한다. 독자의 니즈(needs)를 파악해야 한다는 것이다.

책의 제목을 정할 때 또 하나의 팁(tip)이 있는데 이것은 바로 유명한 책의 제목을 패러디하는 것이다. 이 방식은 지금까지도 많은 출판사에서 마케팅 차원에서 많이 쓰는 방법 중 하나인데, 이렇게 하는 이유는 이미 기존의 유명한 책이 갖고 있는 인지도를 빌려올 수 있기 때문이다.

예를 들어 김난도 작가의 '아프니까 청춘이다'가 큰 사랑을 받자 비슷한 제목의 책들이 줄을 이어 출간되었다.

'아프니까 마흔이다'

'아프니까 사랑이다' '아프니까 청춘이 아니다'

이런 식으로 김난도 작가의 '아프니까 청춘이다'를 패러디한 책들이 많이도 출간되었다. 이런 식으로 유명한 책의 제목을 패러디하여 출간하는 것은 요즘은 오프라인보다 온라인 서점을 통해 책을 구입하는 경우가 더 많은데 온라인 서점에서 인지도가 있는 책을 검색하게 되면 그 제목을 패러디한 제목의 책도 함께 검색되기 때문이다. 검색 창에 '아프니까'를 검색하면 김난도 작가의 '아프니까 청춘이다' 뿐만 아니라, '아프니까 마흔이다', '아프니까 사랑이다', '아프니까 청춘이 아니다' 등등의 책들도 함께 검색이 되는 것이다.

인지도가 있는 책의 제목을 패러디하게 되면 이런 식으로 기존 책이 갖고 있는 인지도를 빌려오게 되기 때문에 이런 방식은 아직까지도 출판사에서 즐겨 쓰는 것이다. 제목에는 저작권이 없기 때문에 법적으로도 전혀 문제가 되지 않음으로 제목을 정하기가 어려울 때는 이런 방식도 좋은 대안이 될 것이다.

하지만 나는 여기서 한 가지 더 제안을 하고자 한다. 바로 기도를 하는 것이다. 사실 어떤 제목이든, 어떤 것이든 하나님께서 주시는 것이 가장 좋은 것 아니겠는가? 세련되고 자극적인 제목도 좋고, 유명한 책의 제목을 패러디하는 것도 좋지만, 가장 좋은 제목은 하나님께서 주시는 제목일 것이다. 그러니 언제나 주제를 정하든 제목을 정하든 일에 착수하기 전에 기도를 하고 진행하는 것이 좋다. 가장 좋은 건 언제나 그 분에게 있는 것이니 말이다.

  제목은 내 책의 첫 이미지가 된다. 말 그대로 첫인상이 되는 것이다. 그렇기에 자녀가 태어나고 이름을 지어줄 때처럼 내 책이 더 많은 사람들에게 불려지고, 읽혀질 수 있도록 그리하여 더 많은 사람들에게 큰 사랑을 받을 수 있도록 기도하고 신중하게 정하도록 하자. 이름은 곧 생명을 불어넣는 일과 마찬가지이니 말이다.

책쓰기 3단계. 목차는 책쓰기의 반이다

앞서 책의 이름인 제목을 정했다면 이제 해야 할 것은 바로 목차를 정하는 것이다. 제목과 목차는 원고 집필만큼, 아니 그보다 더 중요한 요소이기도 하다. 온라인 서점에서든 오프라인 서점에서든 독자들이 책을 구입할 때 가장 먼저 보고, 가장 많이 보는 것이 바로 제목과 목차이기 때문이다.

수많은 책 중에서 눈에 확 들어오는 제목의 책을 손에 들고, 손에 든 책의 목차를 보고 책의 전체적인 내용을 검토한다. 이것이 독자가 책을 구입 할 것인지를 결정하는 대부분의 방법이다. 이렇게 책의 제목과 목차는 실질적인 책 판매부수와 직결되는 것이기에 결코 가볍게 여겨서는 안 된다. 앞서 언급했듯이 책은 읽혀져야 가치가 있는 것이니 말이다. 책이 아무리 좋은 내용을 담고 있다 하더라도 읽어주는 이가 없으면 책은 빛을 발하지 못한다. 세상에 좋은 책은 널리고 널렸다. 하지만 우리가 아는 좋은 책은 우리가 알고 있고, 읽은 책들이다. 좋고 좋은 수십만 권의 책이 독자들에게 읽혀보지도 못하고 사장되어 있는 것이다. 지금도 하루에 수십 권의 새로운 책이 출간되고 있는데 심혈을 기울여 쓴 나의 책이 이런 식으로 사장되게 할 수는 없다. 그렇기에 독자들의 눈이 갈 수 있게, 흥미를 유발할 수 있도록 제목과 목차를 잘 정해야 하는 것이다.

제목을 정해졌다면 이제 그 제목에 맞는 목차를 짜는 일이 남았다. 목차는 책 쓰기의 반이라고 할 만큼 책 쓰기에서 큰 비중을 차지하고 있는데 목차는 기본적으로 책 전체를 구성하는 틀이 되어 준다. 틀이 제대로 짜여 지지 않으면 디테일하고 섬세한 작업을 할 수 없는 것처럼 목차도 제대로 나오지 않으면 쓰면서 순서나 흐름이 엉망진창인 책이 되어 버리기도 한다.

목차가 나오게 되면 책의 분량도 정해지게 되며, 목차에 따른 책 집필기간과 세부적인 부분도 정할 수 있게 된다. 나의 경우에는 목차가 잘 나오면 원고 집필 자체가 수월하게 빨리 되며, 목차에 애를 먹는 경우는 집필에도 애를 먹는 경우가 많았다. 사실상 목차만으로 이 책은 어떤 책인지가 결론이 난다고 해도 과언이 아닌 것이다.

게다가 목차는 독자로 하여금 구입으로 이끄는 직접적인 요소가 되기 때문에 더욱 신중을 기해야 한다. 앞서 독자들이 제목에 이끌려 책을 들었다면, 책의 전체적인 흐름을 파악하기 위해 그 다음으로 보는 것은 바로 목차이기 때문이다. 목차를 보면 책의 전체적인 느낌이나 흐름을 알 수 있기 때문에 목차의 느낌에 따라 책의 구입여부가 결정 난다고 봐야한다. 게다가 온라인 서점이든 오프라인 서점이든 목차까지는 확인을 할 수 있기 때문에 목차는 구입으로까지 이어지는 요소임은 부정할 수 없다.

목차를 구성할 때는 독자들이 목차만 봤을 때도 책의 전체적인 흐름이 파악되어야 하며, 그 목차만으로도 기승전결의 흐름이 느껴질 수 있어야 한다. 책 쓰기 수업을 해드릴 때 기승전결의 흐름으로 목차를 구성하라고 말해드리면 대부분 마지막 장을 결로 내시는 분들이 많이 계신다.

하지만 여기서 명심해야 될 것은 기승전결의 결에 해당하는 장은 늘 마지막 장의 앞 장에 넣어주는 것이 좋다는 것이다. 마지막 장을 결로 해서 바로 끝나버리면 뭔가 모르게 급하게 마무리 된 듯한 느낌을 받기도 하기 때문에 마지막 장은 결이 아닌 처음과 전체를 아우르는 정리하는 장으로 마무리 하는 것이 좋다.

마지막 장을 결이 아닌 정리하는 장으로 들어가는 또 다른 이유는, 책을 읽을 때 그 자리에서 한 권을 모두 읽는 독자는 잘 없기 때문이다. 보다가 덮고, 또 시간이 될 때 이어서 읽고, 이런 식으로 한 권을 다 읽는다. 대부분의 독자들이 이런 식으로 책 한 권을 읽는다. 이런 식으로 한 권을 다 읽게 되면 한 권을 다 읽었을 때 책 처음에 읽었던 부분은 제대로 기억이 나지 않는 경우가 많은데 그렇기 때문에 마지막 장에서는 처음과 끝을 다시 정리하는 장으로 해야 하는 것이다. 그래야 책의 전체가 다 기억에 남게 되고 독자들은 한 권을 알차게 읽었다는 느낌을 받게 된다. 더불어 저자가 전달하려는 메시지도 오랫동안 기억할 수 있고 말이다.

목차가 중요한 이유에는 집필하는 저자와 구매하는 독자들에게만 영향을 끼치는 것이 아니기 때문이다. 목차는 내가 쓴 원고가 책으로 나올 수 있을지 없을지를 판단하는 역할을 하기도 하는데, 이는 독자들이 책을 구입할 때 목차를 보고 선택을 하듯이 이 원고를 책으로 출간할지를 검토하는 출판사에서도 목차만으로 결정을 내리는 경우가 굉장히 많기 때문이다.

출판사에서는 하루에도 몇 개, 많게는 몇 십 개의 원고가 투고 된다. 출판사 입장에서는 이 모든 원고를 하나하나 다 읽어보고 출간여부를 판단하진 못한다. 물론 시간을 오래두고 원고를 하나하나 꼼꼼히 읽어보는 출판사도 있겠지만 많은 출판사가 저자의 프로필과 책의 목차만으로 출간여부를 판단하고 있는 것이 실상이다. 이렇듯 독자가 책의 전체적인 내용을 목차로 판단하듯이 출판사도 목차만으로 출간여부를 판단하기도 하기에 목차는 책 전체의 주제에 맞게, 또 그 주제에 맞게 흐름이 자연스럽게, 마무리는 깔끔하게 작성하는 것이 중요하다.

목차는 4개에서 8개의 큰 장으로 구성하고, 큰 장에 들어가는 각 꼭지는 5개에서 10개로 설정하는 것이 일반적이다. 나의 4번째 출간 저서인 "꿈꾸는 모든 것이 이루어진다"의 목차 역시 그런 일반적인 목차의 틀 안에서 구성했다.

꿈꾸는 모든 것이 이루어진다 목차

프롤로그

1장 끝내 놓지 말아야 하는 건 희망이다

　　1. 희망을 알기 위한 절망

　　2. 포기하지 않는 한 불가능이란 없다

　　3. 사람은 누구나 힘겹다

　　4. 아프니까 사람이다

　　5. 고마운 사람들이 너무 많다

　　6. 실패라고 쓰고 기회라고 읽는다

2장 모든 건 나로부터 시작된다

　　1. 성공의 지름길은 타인의 성공을 돕는 일이다

　　2. 나의 말이 나를 만든다

　　3. 생각이 집중되는 것은 현실이 된다

　　4. 신념이란 갑옷을 둘러라

　　5. 용기 있는 결단력

　　6. 사랑을 받는 유일한 방법은 사랑을 주는 것이다

2. 세상의 중심은 나로 돌아간다

3. 힘이 되는 말 한마디

4. 모든 것은 이미 주어져 있다

5. 인생의 주인공은 당신이다

에필로그 : 당신만의 DreamBuilding

큰 장 6개와 5, 6개의 꼭지로 구성하였다. 그리고 앞서 설명한대로 마지막 장은 처음과 끝을 정리하는 장으로 마무리를 하였다. 물론 꼭 목차를 이 틀 안에서 짜야 하는 것은 아니다. 단지 처음에는 이 틀 안에서 기승전결과 마무리 하는 장으로 익숙해지는 것을 추천한다. 그리고 이 틀에서 익숙해지면 이제는 틀을 벗어나 더 자유롭고 개성 있는 글을 써보길 바란다.

처음 목차를 구성하려고 하다보면 많이 어렵고 힘든 것이 사실이다. 그럴 때는 다른 책의 목차를 참고하여 그 틀을 빌려 써도 괜찮다. 우리가 잘 아는 베스트셀러 작가들도 처음에는 그렇게 시작했고, 그렇게 수정을 거듭하며 그 자리에 올라왔으니 말이다. 멋진 목차가 나왔다면 책 쓰기의 큰 고비는 다 넘어온 것이나 다름없다. 그러니 열정과 자신감을 가지고 멋진 목차를 기획해보도록 하자. 멋진 목차만큼 멋진 책이 나올 것이니 말이다.

tip

잠시 목차를 짤 때의 개인적인 팁을 하나 알려드리자면 개인적인 방법이지만 나는 항상 목차를 짤 때 기도를 드리고 영감을 받아서 목차를 짠다. 그렇게 하지 않고 몇 날 며칠 동안 머리를 싸매고 억지로 목차를 짜내면 원고 1꼭지, 1꼭지가 진행이 되지 않아 덮는 경우가 대부분이었다. 하지만 기도를 드리고 영감을 받아 20여분 만에 목차가 나오면 원고 집필에도 수월하여 금방 원고를 끝내곤 했다.

실제로 최근에 출간된 '압둘라와의 일주일'이란 책은 기도를 드리고 영감을 받아 천지창조를 모티브로 목차를 7장으로 나눴고, 원고도 하루에 1장씩 집필하여 초고를 일주일 만에 끝냈다. 그리고 책으로 출간된 뒤 책을 다시 봤을 때 '내가 이런 말을 했었나?'라는 생각이 드는 문구가 꽤나 많을 정도로 그 책은 영감으로 쓴 책이었다. 그래서 나는 새로운 책의 주제와 목차를 정할 때는 언제나 항상 기도를 먼저 드린다. 새로운 영감과 목차를 달라고 말이다.

크리스찬이라면 이러한 방법으로 책의 주제와 목차를 정하는 것도 좋지 않을까? 책 역시 내가 쓰는 것이 아닌 하나님이 임하여 나를 통해 쓰시는 것이니 말이다.

책 쓰기 전 기도! 식전 기도만큼 중요한 것이다!

책쓰기 4단계. 출간계획서를 붙여라

지금까지 책의 주제와 장르를 정하고, 제목과 목차를 짰다면 이제 정말 집필만이 남아있다. 하지만 나는 여기서 바로 집필에 들어가기 전에 계획을 짜서 집필에 들어가기를 권한다. 마치 학창시절에 방학 때마다 짰던 방학계획표처럼 말이다.

출간계획서는 반드시 해야 하는 필수조건은 아니다. 하지만 이 계획서를 작성하고, 계획서대로 계획 있게 집필을 하라고 말하는 이유는 집필은 결국 자신과의 싸움이기 때문이다. 처음 책을 쓰는 대부분의 사람들이 전문적으로 글을 써본 사람들이 아니다. 갑자기 모든 일을 내려놓고 전업 작가로 뛰어든 사람들이 아니라는 소리다. 그렇기 때문에 매일 매일 규칙적으로 글을 쓰는 것은 굉장히 어렵다.

막상 책을 쓰려고 하면 쓸 시간도 없고, 쓰지 못하게 하는 이런 저런 일들이 계속해서 발생하게 된다. 글을 쓰려고 하면 꼭 무슨 일이 생기고, 글을 쓰려고 하면 꼭 누군가가 부른다. 이런 식으로 이 일 저 일 때문에 글을 쓰는 일은 언제나 뒷전이 되어 버리고, 그러다보면 처음 계획한 날짜는 훌쩍 넘어가 버리기 일쑤이다.

그런 식으로 시간이 점점 지나게 되면 결국 작가가 되겠다던 그 뜨거운 열망은 가라앉기 마련이고 작가의 꿈은 또 다시 머나먼 남의 얘기가 되어버리고 마는 것이다. 이러한 일을 미연에 방지하기 위해서라도 출간계획서를 작성하여 작성한 출간계획서를 잘 보이는 책상 벽에 딱 붙여놓고 꼭 계획서대로 집필하도록 하는 것이다.

게다가 출간계획서에 작성한 계획대로 집필하고 그것이 가능해지면 훗날 작가가 되고 나서 칼럼이나 책 집필 의뢰를 받게 된다하더라도 무리 없이 약속한 그 날짜까지 원고를 소화할 수 있기 때문이다. 간혹 작가로 데뷔하고 나면 언론사 쪽에서 칼럼 요청이 오기도 하고, 출판사에서 집필 의뢰가 오기도 하는데 실제로 내가 책을 5여권 출간했을 때 출판사에서 맹자에 관한 책을 써달라고 의뢰가 왔었고, 약속한 기간(3달)까지 원고를 집필하여 넘겨준 경험이 있다. 그렇게 해서 나온 책이 바로 '맹자의 인생수업'이다.

사전에 기간에 맞춰 글을 쓰는 것에 익숙해져 있지 않았다면 나 역시 그런 좋은 기회를 잡진 못했을 것이다. 그러니 출간계획서를 작성해두고 그 기간 안에 쓰는 연습이 되어 있지 않으면 이런 좋은 기회가 온다 하더라도 일정에 맞춰 쓰는 것이 부담스러워 그 기회를 놓쳐버리게 된다. 이러한 일에 대비하는 차원에서도 출간계획서를 작성하고 계획서대로 집필하는 것에 익숙해지는 것은 매우 중요한 일이다.

출간계획서라고 해서 특별한 양식이 있는 건 아니다. 대부분 아래의 양식을 따르긴 하지만 여기서 자신이 필요한 부분을 가감해도 상관은 없다.

출간 계획서

1. 가 제 : 책의 주제를 담고 있는 책의 제목을 쓰면 된다. 제목만 봐도 이 책이 어떤 내용일지 알 수 있는 것이 좋으며 독자의 흥미를 유발할만한 조금 자극적인 제목이면 더 좋다.

2. 출간 의도 : 이 책을 어떤 목적으로 쓰는지에 대해 자세히 작성한다. 같은 장르의 이미 출간된 책과의 차별화된 독창성을 같이 작성하는 것이 좋다.

3. 출간 시기 : 책의 출간 시기는 언제가 적당할지에 대해 자신의 의견을 쓴다. 책의 주제에 따라 출간되는 시기도 고려해보는 것이 좋다.

4. 타깃 독자 : 책의 주제에 가장 부합되고 어필할 수 있는 독자층을 선별한다.

5. 책의 콘셉트 : 책의 내용과 주제에 대해 압축적으로 적는다. 각 장이 담고 있는 주제와 전체적인 주제에 대해 적는다.

6. 마케팅 전략 : 책이 출간된 이후 작가 자신이 어떤 식으로 마

케팅을 할 것인지를 작성한다. 출판사 입장에서도 마케팅을 출판사에게만 맡기는 것보다 작가가 함께 강연이나 SNS등으로 마케팅에 나서준다면 좋은 이미지를 심어줄 수 있다.

7. 경쟁 도서 : 자신이 정한 주제로 이미 출간되고 판매되고 있는 책들을 작성한다. 이는 자신의 책이 그들의 책과 같지만 다른 차별화된 것을 부각시키는 동시에 어떤 콘셉트인지 한 번에 알아볼 수 있게 한다.

8. 집필 기간 : 원고를 언제 시작하여 언제 마칠지에 대한 계획을 작성한다.

9. 저자 프로필 : 저자만의 스펙을 부각시켜 작성하는 것이 좋다. (저자 프로필의 작성법에 대해서는 추후 다시 설명하겠다.)

10. 출판사에게 하고 싶은 말 : 출판사에 바라는 점이나 고려해 주었으면 하는 내용을 적으면 된다.

크게 10가지로 양식을 나눴지만 이 10가지가 필수요소는 아니다. 여기서 자신이 필요로 하는 부분을 가감해도 크게 상관은 없단 것이다. 다만 가장 중요한 것은 자신이 적은 계획서대로 집필을 하고 진행을 하는 것이다. 처음 계획했던 주제와 어긋나지 않도록, 집필 기간을 오버하지 않도록 말이다.

출간계획서를 교회를 짓기 전에 그리는 설계도라고 생각해보자. 아무리 훌륭한 교회도 설계도가 제대로 나오지 않으면 제대로 된 교회를 지을 수 없다. 허나 설계도가 디테일하게 잘 나오면 그 설계도만을 따라 교회를 지으면 당연히 훌륭한 교회가 지어지게 된다. 이처럼 출간계획서를 꼼꼼하게 잘 작성하여 출간계획서대로 집필하게 되면 그 책은 이미 훌륭한 책이 되는 것이다.

그리고 우리가 교회를 짓기 전에는 언제나 강력한 믿음을 먼저 세운다. 이처럼 책을 쓰기 전에도 이 책에 대한 확신과 믿음을 먼저 세워야한다. 이 책이 분명 많은 사람들에게 선한 영향력을 행사할 것이라는 믿음을 말이다.

출간 계획서를 쓰는 일은 분명 귀찮고 필수적인 작업이 아닐 수도 있다. 있고 하지만 그럼에도 출간계획서는 반드시 작성해 보길 바란다. 그래야 뼈대 있는 책을 쓴다는 느낌을 받을 수 있고, 할 수 있다는 자신감도 생기게 된다. 목차를 완성했다고 해서 지금 바로 원고 쓰기에 착수하기보다 먼저 출간 계획서를 작성하고 완성된 출간 계획서를 자신의 책상 위에 붙여두고 그 계획서를 매일 보면서 자신감이 충만한 상태로 만든 다음 원고 쓰기를 시작하도록 하자. 그래야 책이 완성되고 난 후에도 이 책은 좋은 책이라는 확신과 자신감을 가질 수 있다.

급할수록 돌아가라는 말처럼 빨리 집필하고 원고를 끝내야 책이 나온다는 급한 마음보다, 원고 쓰기 전 다시 한 번 전체적인 출간계획을 정리해보면서 좋은 책을 집필할 만반의 준비를 마치도록 하자.

책쓰기 5단계. 초고는 크로키다

이제는 본격적으로 미리 짜놓은 목차에 따라 원고를 집필한다. 가장 처음 집필하는 원고를 '초고'라고 하는데 초고를 쓰면서 항상 염두 해야 하는 것은 초고는 대충 써야 한다는 것이다. 대충이란 말의 의미는 다르게 말하자면 크로키를 그리듯 윤곽만 나타낼 수 있도록 빠르게 집필해야 한다는 것이다.

인간은 망각의 동물이다. 우리가 받은 영감과 기억은 그리 오래 가지 않는다. 금방 잊어먹고, 금방 기억에서 사라진다. 그렇기 때문에 주제와 목차를 짤 때 받은 영감을 잃지 않으려면 최대한 빨리 초고를 끝내야 한다. 원고 한 꼭지, 한 꼭지에 너무 매달려 있다 보면 뒷 원고의 영감을 다 놓쳐버리게 되어 쓰면 쓸수록 처음 의도한 바와 다르게 흘러가기 일쑤이다.

절대 초고에 많은 시간을 둬서는 안 된다. 완벽한 초고는 어디에도 없다. 결코 그런 초고는 존재하지 않는다. 초고에 모든 것을 완벽하게 하려고 하면 글을 고치다가 세월은 다 흘러가버린다. 그리고 초고가 끝난다고 해서 바로 책으로 나오는 것도 아니기 때문에 처음부터 초고를 완벽하게 쓴다는 생각자체는 버리는 것이 좋다.

물론 초고를 잘 써서 별로 수정할 것이 없다면 좋긴 하겠지만, 초고에서 수정 없이 책을 낸다는 것은 어불성설이다. 말도 안 되는 소리다. 그것은 기만이자, 자만이다. 그러니 그런 생각은 애초에 버리고 쓰는 것이 좋다.

〈노인과 바다〉의 저자 어니스트 헤밍웨이(Ernest Hemingway)는 초고에 관해 이런 말을 했다.

"모든 초고는 쓰레기다.

글을 쓰는 데에는 죽치고 앉아서 쓰는 수밖에 없다.

나는 〈무기여 잘 있거라〉를 마지막 페이지까지 39번이나 수정했다."

세계적으로 모르는 사람이 없는 거장 헤밍웨이도 초고를 39번이나 수정했다고 한다. 그 뿐만 아니라 세계적으로 저명한 어느 작가든 초고만으로 책을 출간하는 작가는 없다. 어떤 작가든 초고를 완성시킨 뒤 고쳐 쓰기를 수십 번, 수백 번 반복하는 것이다. 이 말인 즉, 초고는 수

정자체를 안할 수가 없단 것이다. 당신이 아무리 초고에 시간과 노력을 기울여도 말이다.

어차피 수정을 할 원고에 무엇 때문에 그렇게 오랜 시간을 들이겠는가? 서둘러 초고를 다 끝내놓고 탈고에서 시간과 노력을 기울이면 되는데 말이다. 초고 작업에서부터 너무 완벽한 책을 쓰려고 애쓸 필요는 없다. 오히려 초고 작업이 너무 길어지면 앞서 말한 것처럼 지쳐간다. 하지만 일단 초고를 완성시키게 되면 너무 뿌듯하고 해냈다는 성취감으로 무척 기분이 좋아진다. 벌써 책이 다 완성 되었다는 기분까지 들며 할 수 있다는 자신감도 충만해지게 된다. 그러면 수정작업인 탈고에서도 박차를 가할 수 있는 힘이 생기게 된다.

나무를 본다고 생각해보자. 나무를 눈에 담기 위해 한 그루, 한 그루를 너무 가까이에서 보려고 하면 나무 한 그루도 제대로 눈에 담을 수가 없다. 하지만 좀 멀리 떨어져서 숲 전체를 보게 되면 나무는 자연히 모두 담기게 된다.

이 말은 무슨 말일까? 어느 화가가 초상화를 그린다고 가정해보자. 화가마다 그리는 순서가 다를 수도 있고, 그리는 스타일이 다를 수도 있겠지만 일반적으로 얼굴 전체의 구조와 대략적인 큰 스케치를 먼저 그린 다음 눈, 코, 입 등 디테일한 부분을 그린다. 숲을 그릴 때는 어떠한가? 처음 그릴 때부터 나무 한 그루, 한 그루를 디테일하게 그려나가진 않는다. 숲의 전체적인 구도와 느낌을 먼저 잡고 그 후에 디테일한 작업을 한다.

초고를 쓸 때도 이것과 마찬가지로 생각해야 한다. 처음부터 한 꼭지, 한 꼭지를 세밀하고 꼼꼼하게 쓰는 것보다 먼저 자신의 머릿속에 구상해놓은 전체적인 느낌을 스케치를 한 뒤에 한 꼭지씩 다듬어 가는 것이 전체적인 흐름을 잡아가는데 더 효율적이다.

예를 들어, 당신이 책 한 권으로 전체 40꼭지를 구상했고, 하루에 1꼭지 씩 집필하기로 마음을 먹었다. 처음에야 하루에 1꼭지 정도씩 쓰는 것쯤이야 어렵지 않을 것이라 생각했을 것이다. 하지만 당신은 이내 얼마 못가 1꼭지가 잘 써질 때도 있지만 아무리 머리를 짜내도 잘 나오지 않는 날도 있다는 것을 깨닫게 되었다. 그러자 어느 순간부터 예정일 보다 날짜가 밀리고 막힌 꼭지 때문에 진행이 제대로 되지 않았다.

이럴 때 당신은 결코 그 한 꼭지에 머물러 있어선 안 된다. 그렇게 한 꼭지에 붙잡혀 있다 보면 전체적인 책의 주제와 영감, 흐름을 잃어버릴 수 있기 때문이다. 막힌 꼭지는 처음 목차를 짤 때 생각했던 내용의 주제와 사례 정도만을 넣어두고 다음 꼭지로 넘어가야 한다. 마치 우리가 시험을 볼 때 모르는 문제는 일단 넘어가고 다 풀고 난 뒤 다시 문제를 확인하듯이 말이다.

우리가 숲을 볼 때 여러 나무가 함께 어우러져 조화로운 모습을 보면서 참으로 아름답다고 느낀다. 멀리서 숲을 바라볼 때 한 그루의 나무가 너무 크고 툭 튀어 나와 있다면 결코 그 나무덕분에 숲이 아름답다고 여기지는 않는다. 나무 한 그루, 한 그루가 조화를 이루고 함께 어우러져 있을 때 비로소 아름다운 숲이 되는 것이다.

책 또한 한 꼭지, 한 꼭지가 서로 자신을 너무 드러내는 것이 아닌 함께 조화를 이루고 공존할 때 한 권의 훌륭한 책이 되는 것이다. 책을 읽는 독자는 한 꼭지 때문에 한 권의 책을 사는 것이 절대 아니다. 책 한 권에서 받을 수 있는 전체적인 내용과 감동을 위해 책을 사고, 읽는 것이다. 나무를 보기 위해 숲을 보는 것이 아니라 숲을 보자 나무가 담기는 것이듯, 책 전체를 보자 한 꼭지, 한 꼭지의 내용이 전해지는 것이다.

물론 이런 식으로 첫 꼭지부터 끝 꼭지까지 적든 많든 해당 꼭지에 관련된 내용을 스케치 하듯 기록해두고 처음부터 각 꼭지를 마무리 짓는 방식으로 해야만 하는 것은 아니다. 단지 이런 식으로 하면 책 전체의 흐름은 유지하면서 처음 전달하려고 했던 내용의 색깔도 크게 변하지 않은 상태에서 책을 마무리 지을 수 있기 때문에 권하는 것이다. 사람마다 책을 쓰는 스타일은 다르기 때문에 이 방식이 꼭 옳은 방법이고 책을 쓰는 모든 이가 반드시 이렇게 해야 한다는 건 아니다. 이것은 나만의 노하우일 뿐이고, 나의 생각일 뿐이다. 이것이 정답이란 것은 아니지만 한 번쯤 이런 방식으로 써보라고 추천하고 싶은 방법일 뿐이다.

이런 방법을 고수하지 않는다고 해서 반드시 전체적인 흐름을 잃는 것은 아니다. 그리고 이런 방법 말고라도 출간계획서를 작성하는 것처럼 자신만의 흐름을 잃지 않는 방법을 찾으면 된다. 그것이 바로 자신이 책을 쓰는 것을 반복하고 학습하면서 자신만의 노하우를 찾아가는 길인 것이다.

사실 좋은 책을 쓰기 위해서는 많이 써보는 수밖에 없다. 많이 쓰는 것만큼 좋은 방법은 없다. 기존 작가의 노하우나 방식을 따라가는 것도 좋지만, 많이 쓸수록 자신만의 노하우가 생기기 마련이고 자신에게 맞는 방식 또한 생겨나기 마련이다. 그것이 바로 다작을 할 수 있는 길이도 하고 말이다.

책을 쓰는 일은 결코 쉬운 작업이 아니다. 하지만 세상 그 어떤 일도 처음부터 쉽게 할 수 있는 일은 없다. 실수하면서 알아가는 것이고 실패 할수록 그것의 참된 재미를 찾아가는 것이다.

하지만 감히 단언하건데 책을 쓰는 일은 정말 매력적인 일이라고 나는 확신한다. 이 책을 읽고 있는 당신 역시 그럴 것이라 생각하고, 책을 쓰는 것의 매력을 알고 싶어 이 책을 집어 든 것이 아니겠는가? 그렇다면 절대 쉽게 포기하지 말길 바란다. 당신이 생각했던 것만큼 아니, 그보다 훨씬 더 책을 쓰는 일은 흥미롭고 즐거운 일이며, 그 결과물은 언제나 기대이상의 큰 보답으로 돌아오니 말이다.

처음 책을 쓸 때 어느 한 꼭지에서 막혔다고 해서 지쳐 포기하지 말고, 우선은 전체적인 느낌을 먼저 그려 보도록 하자. 책을 쓰다가 막혔다면 포기하기보다 이 책의 원고가 완성되고 출간되었을 때의 모습을 잠시 상상해보자. 그러면 결코 이 작업을 멈출 수는 없을 것이다.

전체적인 틀을 만들어 놓으면 부분, 부분의 디테일한 작업이 막혀도 지치지 않을 수 있다. 초상화를 그린다고 해도 전체적인 윤곽이 잘 잡히면 눈, 코, 입은 얼마든지 수정해 나가면서 그려 나갈 수 있지 않은가? 책 또한 전체적인 흐름이 잘 잡혀있으면 각 꼭지의 디테일한 부분은 얼마든지 수정해 나가면서 채워나갈 수 있다.

지금 쓰는 책은 한 꼭지만으로 완성되는 작업이 아니다. 몇 십 개의 꼭지를 모아 묶어야 비로소 책으로 만들어지는 것이다. 그것에서 가장 중요한 것은 책 전체의 기승전결이며, 메시지임을 잊지 말자. 언제나 나무만을 보는 작가가 아닌, 숲을 보는 작가가 되도록 하자. 그렇게 숲을 담을 수 있는 넓은 역량의 작가가 되자.

책쓰기 6단계. 적당한 분량이 좋은 책이 된다

　책 쓰기 수업을 하다보면 가장 많이 하는 질문 중 하나가 바로 "얼마나 써야 책 한 권 분량이 나오나요?"이다. 이 질문은 처음 나 자신이 첫 책을 쓸 때도 가장 궁금한 것이기도 했는데 너무 궁금한 나머지 어느 저자분의 책을 직접 워드에 쳐보면서 분량을 측정해보기도 했다.

　결론부터 말씀드리자면 책 한 권의 분량은 원고지로 약 850매 정도가 책 한 권의 분량이 된다. 하지만 예전에야 대부분의 사람들이 원고지에 직접 수기로 써서 책을 내곤 했지만, 요즘은 대부분의 사람들이 워드로 작성하여 파일로 원고를 정리한다. 그렇기에 워드 기준으로 다시 말씀 드리자면 워드 1쪽은 원고지로 약 8매가 되며, 워드로 110쪽 정도가 원고지로 약 850매가 되는 것이다.

> 책 1권 = 원고지 850매
>
> 원고지 8매 = 워드 1쪽
>
> 원고지 850매 = 워드 110쪽

책 한 권의 페이지수가 300쪽 정도가 된다고 해서 워드로 300쪽을 쓰는 것이 아니다. 워드로 110쪽 정도를 썼을 때 책 사이즈 신국판 기준으로 적게는 250쪽에서 많게는 330쪽 까지 나오게 된다.

워드로 110쪽 정도가 책 한 권의 분량이라고 말씀드리면 많은 분들이 혀를 내두르는데 딱히 그렇지도 않다. 누구나 책 한 권을 쓸 수 있다고 말씀하시는 작가님들 중 경영전문가이자 집필의 달인이라 불리는 공병호 박사님은 책 한 권을 이렇게 쓰라고 말씀하신다.

"책을 쓰기 전에 머릿속에 짜임새 있는 청사진을 그려놓습니다. 그리고 그것을 주제 당 원고지 15~20장 분량의 덩어리 40개로 나눕니다. 칼럼을 쓰듯이 40여 일을 꾸준히 쓰다 보면 어느 새 책 한 권이 만들어집니다."

멋진 말이 아닌가? 40일이면 누구나 책 한 권을 쓸 수 있다는 말이다. 이 말을 좀 더 쉽게 풀어서 설명을 하자면 책의 전체 구성을 40꼭지로 나누고 하루에 한 꼭지씩 40일을 쓰면 책 한 권이 나온다는 얘기다. 여기서 한 꼭지는 원고지로 15 ~ 20장이라고 하셨는데 이 분량은 워드 기준으로는 2.5쪽 정도를 말한다. 다시 말해 하루에 워드로 한 주제를 가지고 2.5쪽 정도의 분량으로 집필한다면 40일이면 책 한 권이 나온다는 것이다.

책 1권 = 40꼭지

1꼭지 = 원고지 15~20장

원고지 15~20장 = 워드 2.5쪽

책 한 권의 분량은 위에서 설명한 분량인 40꼭지 정도, 그러니까 워드로 110쪽 정도가 가장 적절하다. 책 분량은 책의 내용만큼이나 중요하기도 한데, 이것은 아무리 맛있는 음식이라도 음식양이 너무 적거나, 많을 때는 그 음식이 가지고 있는 맛의 본질을 제대로 전할 수 없는 것과 마찬가지이다. 아무리 맛있는 음식이라도 너무 양이 적으면 감칠맛만 나게 되고, 너무 양이 많으면 처음에는 맛있지만 먹을수록 밀리게 되지 않는가?

책도 이와 마찬가지이다. 적절한 분량에 적당한 주제를 담고 있어야 이 책은 제 역할을 톡톡히 할 수 있는 것이다. 너무 양이 적으면 이제 막 몰입되기 시작하는데 끝나버리는 듯한 느낌을 받게 되고, 너무 양이 많으면 읽기 전부터 지쳐버리게 되기도 한다. 게다가 초고에서 분량이 너무 적거나 많게 되면 탈고 과정에서도 많은 시간이 걸리게 되어 버리기 때문에 최대한 처음 원고를 집필할 때 적절한 분량을 기준으로 집필하는 것이 좋다.

  이해를 돕기 위해 나의 저서 중 하나인 "맹자의 인생수업"의 분량을 공개하도록 하겠다. "맹자의 인생수업"은 총 288쪽의 책으로 출간되었다. 288쪽으로 나오기 까지 작성한 각 꼭지의 분량은 이러하다.

'맹자의 인생수업'은 프롤로그, 에필로그를 포함하여 전체 37꼭지로 구성되어 있으며, 1꼭지 당 평균 3쪽 정도로 집필되었다. 전체는 106쪽으로 구성되어 신국판 기준 288쪽의 책으로 제작되었다. 아주 적절하고 보기 좋은 분량으로 말이다.

이것으로 책 한 권 분량의 기준은 잡혔을 것이다. 그러면 이제 열심히 쓴 나의 원고가 책으로 출간돼 손에 내 책을 쥐었을 때 그 기분 좋은 촉감을 상상하며 집필에 몰두하도록 하자. 그 상상이 곧 현실이 되길 기대하며 말이다.

책쓰기 7단계. 참고도서 선별하기

책을 쓸 때는 같은 콘셉트와 같은 장르의 경쟁도서 겸 참고도서가 수십 권이 존재한다. 경쟁이 되고 참고가 되는 도서는 반드시 읽어봐야 하지만 수십, 수백 권이 존재하는 이 책 모두를 읽어본다는 건 아무래도 불가능 한 일일 것이다. 그저 가능한 한 많이 읽어보면서 그 책이 왜 인기가 있었는지, 어떤 점이 대중적으로 인기를 끌게 했는지 혹은, 판매부수가 왜 저조했는지, 무엇이 부족했는지를 파악해야 할 것이다.

그런데 간혹 워낙 장르별로 많은 책이 있다 보니 그런 참고도서를 선별하는 것 자체를 힘들어하는 경우가 종종 있는데 그래서 여기 장르별로 참고할만한 도서를 몇 권씩 추천할까 한다. 하지만 책을 추천했다고 해서 이 책들이 반드시 자신에게 맞는 참고도서는 아닐 수 있음은 명심해야 한다.

책도 자신만의 스타일이 있다. 나에게 큰 영향을 주고, 감동을 준 책이라고 해서 누군가에게도 꼭 같은 영향을 끼치고 감동을 준다고는 할 수 없는 것이다. 같은 영화도 누군가는 재밌어하고, 누군가는 지루해하듯이 말이다. 여기서 거론하는 장르별 참고도서 역시 그저 참고요소만으로 삼아야 하는 것이지 꼭 자신에게 맞고 좋은 책은 아닐 수도 있다. 그러니 분명히 밝혀두지만 참고만 하길 바란다. 자신에게 맞는 자신만의 참고 도서는 자신이 직접 고르길 바란다.

· 종교 참고 도서

리차드 포스터, 〈영적훈련과 성장〉

정영진, 〈광야수업〉

오스왈드 샌더스, 〈하나님의 학교를 졸업한 사람들〉

강준민, 〈영적 거장의 리더십〉

릭위렌, 〈하나님의 인생 레슨〉

E.M 바운즈, 〈기도의 능력〉

함석헌, 〈뜻으로본 한국역사〉

윌리암 바클레이, 〈예수의 사상과 생애〉

C.S.루이스, 〈고통의 문제〉

오스왈드 샌더스, 〈영적 지도력〉

김진홍, 〈고난 뒤에 오는 축복〉

찰스스탠리, 〈하나님의 연금술〉

이대희, 〈성경의 힘으로 꿈을 이룬 대통령 링컨〉

이찬수, 〈보호하심〉

· **자기계발 참고 도서**

네빌고다드, 〈부활〉

엠제이 드마코, 〈부의 추월차선〉

한주(서상우), 〈꿈꾸는 모든 것이 이루어진다〉

이지성, 〈꿈꾸는 다락방〉

론다 번, 〈시크릿〉

사이토 히토리, 〈부자의 운〉

나폴레옹 힐, 〈놓치고 싶지 않은 나의 꿈, 나의 인생〉

한주(서상우), 〈내면의 비밀〉

잭 캔필드, 〈성공의 원리〉

차동엽, 〈무지개 원리〉

· **소설 참고 도서**

조정래, 〈정글만리〉

정유정, 〈7년의 밤〉

애거서 크리스티, 〈그리고 아무도 없었다〉

파울로 코엘료, 〈연금술사〉

한주(서상우), 〈압둘라와의 일주일〉

베르나르 베르베르, 〈개미〉

무라카미 하루키, 〈상실의 시대〉

미야베 미유키, 〈솔로몬의 위증〉

주제 사라마구, 〈눈먼 자들의 도시〉

김려령, 〈우아한 거짓말〉

김영하, 〈나는 나를 파괴할 권리가 있다〉

박경리, 〈토지〉

파트리크 쥐스킨트, 〈향수〉

· 역사, 고전 참고 도서

박영규, 〈한 권으로 읽는 조선왕조실록〉

박문국, 〈한국사에 대한 거의 모든 지식〉

한주(서상우), 〈맹자의 인생수업〉

KBS 역사저널 그날 제작팀, 〈역사저널 그 날〉

공자, 〈논어〉

홍자성, 〈채근담〉

최진기, 〈동양 고전의 바다에 빠져라〉

장자, 〈장자〉

정시몬, 〈세계사 브런치〉

사이토 다카시, 〈세계사를 움직인 다섯 가지 힘〉

· 인문 참고 도서

유시민, 〈어떻게 살 것인가〉

마이클 샌델, 〈정의란 무엇인가〉

스티븐 존슨, 〈우리는 어떻게 여기까지 왔을까〉

사이토 다카시, 〈내가 공부하는 이유〉

안드레아 배럼, 〈인문학, 상식에 딴지 걸다〉

토마 피케티, 〈21세기 자본〉

헤르만 헤세, 〈독서의 기술〉

조윤제, 〈내가 고전을 공부하는 이유〉

채사장, 〈지적 대화를 위한 넓고 얕은 지식〉

이지성, 〈생각하는 인문학〉

한주(서상우), 〈나를 PR하는 글쓰기〉

위의 장르별 참고 도서는 앞서 말했듯이 그저 참고하라고 정리해놓은 것이다. 사람마다 스타일, 성향이 다르듯이 자신에게 잘 맞고, 잘 읽혀지는 책은 다 다르다. 그러니 정리해놓은 참고 도서를 기반으로 서점에 가서 직접 자신에게 맞는 책을 골라보도록 하자.

지피지기면 백전백승이라 하지 않았던가? 많이 읽는 자가 많이, 그리고 잘 쓸 수 있다. 많이 읽자. 작가로의 첫 걸음은 읽는 것에서부터 시작된다.

책쓰기 8단계. 감정표현의 절제!

　세상 어디에도 완벽한 글이란 건 존재하지 않는다. 글이란 건 결국 전달의 수단이기 때문에 얼마나 더 신속하게, 얼마나 더 정확하게 전달되고 있느냐의 차이가 있을 뿐 완벽한 전달 수단이 될 수는 없다. 머릿속을 열어 보이지 않는 이상 생각을 그 어떤 기호나 소리로 표현할 수밖에 없는데 그 과정에서 왜곡이나 가감이 생겨날 수밖에 없기 때문에 완벽한 전달 수단은 존재하지 못하는 것이다.

　글이라는 기호로 생각을 담는 순간부터 왜곡은 있을 수밖에 없다. 그렇기 때문에 세상 어디에도 완벽한 글, 완벽한 책이란 건 존재할 수 없다. 하지만 그렇기에 더욱 더 정확히 전달할 수 있도록 노력과 고심을 해야 한다.

책 쓰기 수업을 할 때, 첫 책을 쓰는 분들에게는 본인의 경험을 사례로 넣어 글을 써나갈 수 있도록 하는데 본인의 이야기를 쓸 때는 그 때 당시의 기분이나 감정을 함께 넣어 쓰시라고 설명 드린다. 그래야 그때 당시의 상황이나 심정이 더 잘 전달되기 때문이다. 적절한 감정표현은 이해력을 돕고 문장을 풍성하게 만들기 때문에 중요한 요소 중 하나이다.

하지만 '과유불급'이란 말이 있듯이 감정표현이 너무 지나치게 되면 글의 흐름을 방해하게 된다. 그 때 당시 본인의 심정을 다 표현하고 싶은 마음에 지나치게 많은 감정적인 표현을 하게 되면 글을 읽기가 거북해지고 만다. 마치 그 때의 감정을 독자에게 강제로 이입하려는 느낌을 주기 때문이다.

글을 통해 그 때의 상황을 전달하려고 한다면 상황에 대한 설명과 그에 적절하고 적당한 표현으로 정리해야 한다. 그렇게 해서 그 상황을 독자가 상상하고 공감할 수 있도록 해주어야 한다. 그런데 거기서 그때 당시 자신의 감정을 어떻게든 알리고 싶은 마음에 감정표현을 지나치게 하면 오히려 공감대로 떨어지게 되고, 마치 저자가 자신이 힘들었단 걸 알아주기 바란다는 느낌이 들어버리기 때문에 거북함이 들어버리게 되는 것이다.

글은 최우선적으로 전달하려고 하는 바를 명확하게 전달하는 것도 중요하지만, 이 글을 읽는 사람이 그 상황을 이해한 다음 그 상황을 상상하고 생각하여 스스로 어떤 결론과 판단을 내릴 수 있도록 하는 여지를 주는 것도 상당히 중요하다. 어느 작가의 책을 보는 내내 주입식과 강제성을 띄는 느낌을 받았다면 저자 입장에서는 상당히 거북할 것이다.

게다가 복잡 미묘한 자신의 심정을 표현하려고 하다 보니 자연히 문장이 길어지게 되고, 마무리 되어야 할 타이밍에 문장이 끝나지 않고 계속 이어지다보니 독자 입장에서 읽기에도 불편하고 전달력도 확연히 떨어지게 되고 만다. 그렇게 되면 독자는 그 책을 보다가 덮어버리는 경우도 생기게 된다.

그 어떤 일을 하든 부족하지도 과하지도 않는, 적당하고 적절한 선을 지키기란 여간 쉬운 일이 아니다. 글을 씀에도 이는 마찬가지다. 부족하지도 과하지도 않는, 적당하고 적절한 표현으로 최선의 전달력을 갖추기란 결코 쉬운 일이 아니다. 쓰면서 조절하고, 또 쓰면서 그 선을 알아가야 하는 것이다. 그렇기에 꾸준히 쓰는 것이 중요하고, 꾸준히 쓰는 연습이 되어야 한다.

처음 글을 쓸 때 이런 부분이 조금 어렵게 느껴질 수도 있다. 하지만 내가 더 노력하고, 더 신경 써서 쓴 글이 더 많은 사람들에게 더 큰 감동을 주고, 더 큰 영향을 끼친다고 생각하면 결코 그 노력을 소홀히 할 수는 없는 노릇이다.

책은 하나님께서 세상에 주신 가장 큰 전달의 매개체 중 하나이다. 우리는 지금 그 큰 선물을 담으려고 하는 것이다. 그러한 선물을 더 값어치 있게, 하나라도 더 진실로 전달될 수 있도록 노력한다면 분명 좋은 글로 좋은 책이 되어 세상에 그 빛을 발할 것이다.

내가 겪고 느낀 것을 최대한 전달하되, 절제하여 표현하는 것! 이 고민을 계속하면서 글을 쓴다면 그 글은 이미 충분히 전달력을 품은 글이 된다!

책쓰기 9단계. 원고 탈고하기

초고 집필을 끝냈다면 이제 이 초고를 탈고하는 작업을 진행해야 한다. 초고를 수정하는 작업을 탈고, 혹은 퇴고라고 하는데 초고는 크로키처럼 빠르고, 신속하게 작업해야하는 반면, 탈고는 천천히, 그리고 신중하게 작업해야 한다. 앞서 초고를 크로키처럼 써야 한다고 말했다면 탈고는 정밀화처럼 섬세하고 꼼꼼하게 작업해야 하는 것이다.

초고는 크로키!

탈고는 정밀화!

수많은 유명저자들은 초고보다 탈고 작업의 중요성을 더 강조하는데 소설 〈7년의 밤〉, 〈내 심장을 쏴라〉, 〈28〉 등으로 유명한 정유정 작가는 한 인터뷰에서 이렇게 말하기도 했다.

　"초고는 보통 석 달 안에 끝냅니다. 마냥 신나는 때죠. 말이 되든 안 되든 일단은 달리는 시기니까요. 이후부터는 저 자신과의 드잡이 질이에요. 저는 초고의 흔적이 탈고 때까지 남아 있으면 그 소설은 실패라고 봅니다. 제가 천재가 아닌 바에야, 석 달 동안 내달린 장면들이 쓸 만한 것일 리 없죠. 대부분 클리셰일 수밖에 없어요. 그걸 완전히 벗겨내는 데 1년 가까이 걸려요. 어느 대가의 말처럼, 저는 초고를 버리기 위해서 씁니다."

　정유정 작가는 한 인터뷰에서 탈고 이후에는 초고의 흔적자체가 남아있어선 안 된다고 말할 정도로 탈고 작업에 힘을 기울인다고 했다. 정유정 작가 역시 탈고 작업에 대해 중요성을 여러 인터뷰를 통해 강조해왔으며 본 저자 역시 책 쓰기 코칭을 할 때마다 탈고 작업이 가장 힘들고 인내를 필요로 하는 과정이라고 자주 말하곤 한다.

　탈고 작업이 생각보다 오래 걸려 '내가 초보 작가라서 탈고 작업이 이렇게 오래 걸리고 힘든 걸 거야.'라는 생각을 한다면 그건 오히려 건방진 생각인 것이다. 〈가프가 본 세상(The World According to Garp)〉의 저자이자 세계적인 베스트셀러 작가 존 어빙은 탈고에 대해 이렇게 말했다.

　"내 인생의 절반은 고쳐 쓰는 작업을 위해 존재한다."

탈고 작업은 작가 자신이 만족할 때까지 끝이 없는 작업이다. 처음부터 끝이란 게 존재하지 않는 작업이다. 그저 자신이 만족할 수 있을 때까지 하는 작업일 뿐이다. 앞서 세계적으로 저명한 작가인 어니스트 헤밍웨이조차 마지막 페이지를 39번 고쳐 썼다고 했으며, 이미 소설가로서 유명한 정유정 작가 역시 탈고 작업에 1년이란 시간이 걸렸다고 했다. 이것은 누가 그들에게 39번 수정을 해야 한다고 말한 것도 아니며, 1년 동안 하라고 해서 한 것이 아니다. 자신들이 만족할 때까지 그렇게 한 것이다.

탈고 작업이 누가 얼마나 해야 한다고 정해져 있는 것은 아니다. 빠르면 하루나 이틀 만에도 끝낼 수 있고, 반대로 몇 십 년이 걸릴 수도 있다. 아니 결국 끝내지 못할 수도 있다. 자신이 만족하여 탈고 작업을 마쳤다고 하더라도 출판사의 요청으로 또 다시 퇴고 작업을 할 수도 있기도 하며, 그런 경우 역시 숱하게 많이 있다. 책이 출간되기 직전까지 탈고 작업은 계속 되며, 심지어 출간된 이후에도 재판을 들어갈 때마다 탈고를 하기도 한다.

처음 초고를 쓸 때부터 이 세상에 완벽한 문장과 완벽한 글은 없다고 생각하는 것이 현명하다. 자신이 쓰는 글이 완벽해야 한다는 생각에 포커스를 맞추는 것이 아니라, 나의 생각이 글로써 최대한 오해 없이 100% 독자들에게 전달될 수 있도록 글을 쓰는 것에 포커스를 맞추고 쓰도록 해야 한다. 탈고 작업을 하는 것 역시 글을 더 깔끔하고 보기 좋게 다듬어 전달력이 좋아지게 하는 작업일 뿐 완벽한 글을 만들어 내는 일은 아니라는 것으로 여겨야 한다.

초고를 끝내고 탈고 작업을 하고 있는 사람이 있다면 나는 당신이 그 작업을 좀 더 즐겁고 행복한 마음으로 하길 바란다. 탈고 작업이 끝이 보이지 않아 처음부터 다시 글을 쓰는 듯한 기분이 든다 하더라도 말이다. 나무에 매일 매일 꾸준히 물을 주다보면 어느 샌가 달콤한 열매를 맺듯이 당신이 인내심을 가지고 꾸준히 탈고 작업을 하다보면 어느 샌가 당신의 글은 훌륭한 책이란 열매로 그 결실을 맺게 될 테니 말이다. 탈고의 시간이 얼마나 값진지는 책이 나오게 되면 절실히 느끼게 된다. 그러니 탈고 작업을 하면서 힘들고 지친다는 생각보다 이 글이 얼마나 달콤한 열매의 책으로 나오게 될지를 기대하고 설레어하면서 탈고 작업을 하기를 바란다.

초고는 원석과도 같은 존재다. 정돈되어 있지 않지만 그 가치를 이미 담고 있다. 그리고 그 원석을 오랜 시간 갈고 닦으면서 아름다운 모습으로 가공하는 작업이 바로 탈고 작업이다. 정돈되어 있지 않고 아직은 투박한 이 초고를 천천히, 그리고 정밀하게 가공하여 누가보기에도 보기 좋고, 훌륭한 책으로 만드는 것이다.

나비처럼 날아서, 벌처럼 쏜다고 했던가? 이제 나비처럼 가벼운 마음으로 초고를 썼다면, 벌처럼 뚜렷한 목표점을 노리고 신중하게 탈고 작업을 하여 멋진 책으로 출간할 수 있도록 하자.

책쓰기 10단계. 출판사 만나기

자, 이제 탈고까지 마쳤으면 아 기다리고 기다리던 투고의 시간이다. 몇 달 동안 초고를 쓰고, 탈고를 마친 이 원고를 출판사에 보내는 일을 해야 하는 것이다. 출판사에 원고를 투고하는 일은 몇 권의 책을 출간한 저자에게도 늘 긴장되고 설레는 일이다. 하물며 처음 책을 쓴 작가들은 얼마나 더 그렇겠는가?

'모든 출판사에 퇴짜를 맞음 어쩌지?'

'원고를 읽어보고 비웃는 건 아닐까?'

'원고를 제대로 읽어줄까?'

이런 온갖 생각들이 얼마나 자신을 두렵게 만들고 떨리게 만들겠는가? 충분히 이해되고, 공감할 수 있다. 하지만 자신감을 갖자. 오랜 시간 시간과 노력을 이 책에 쏟아 붓지 않았던가! 긴장보단 설렘으로 이제 그 열매를 맺은 날이 온 것이라 생각하자! 처음부터 이 책은 하나님께서 기획하고 당신을 통해 준비하신 것이니 두려움보단 기대감으로 원고를 출판사에 보내보도록 하자.

우선 출판사에 원고를 투고하는 방법은 여러 가지가 있다. 원고를 출력하여 출판사를 직접 찾아가거나, 출판사 홈페이지를 검색하여 들어가 홈페이지를 통해 투고하기도 한다. 하지만 그런 방법보다 요즘 가장 많이들 하고 있는 투고 방법이 있는데, 그것은 바로 이메일로 투고하는 것이다.

이메일로 투고하는 방법은 너무나 간단하다.

E- Mail로 투고하는 방법

1. 투고할 출판사를 선별한다.
2. 투고할 출판사의 이메일 리스트를 정리한다.
3. 정리한 이메일 리스트에 투고를 한다.

너무나 간단하다. 누구나 생각할 수 있고, 할 수 있는 방법이다. 그래도 혹시 구체적인 방법을 알고 싶어 하는 분들도 계실 테니 풀어서 설명을 하겠다.

1. 투고할 출판사를 선별한다.

투고할 출판사를 선별한다는 의미는 수천 군데에 달하는 출판사 중에 내가 쓴 장르의 책을 출간할 출판사를 찾는다는 것이다. 이 일은 결코 어려운 일이 아니다. 지금 당장 온라인 서점이나 오프라인 서점을 찾아가서 자신이 쓴 장르 코너로 가보도록 하자. 내가 쓴 장르가 자기계발이면 자기계발 코너로, 인문이면 인문 코너로 가면 된다. 그리고 그 코너에 있는 책을 출간한 출판사 리스트를 모으면 되는 것이다. 이 책의 독자의 경우에는 크리스천일 것임을 감안하면 우리는 서점에 가서 종교분야에 가는 것이 옳을 것이다.

이렇게 하는 이유는 이미 해당 장르의 책을 출간한 출판사는 해당 장르의 책을 출간하는 것에 관심이 있고, 그런 경험을 소지하고 있는 출판사라는 것을 의미한다. 출판사마다도 성향이 달라서 즐겨 출간하는 장르가 모두 다르다. 물론 역사서를 출간한 출판사에서 유아교육서에 대한 책을 출간하지 말란 법은 없고, 자기계발서를 출간하는데서 종교서적을 출간하기도 하지만, 아무래도 잘 모르는 분야의 책을 출간하기보다는 익숙하고 잘 할 수 있는 장르의 책을 출간하는 것을 선호하기 마련이다. 그렇기 때문에 이미 해당 장르의 책을 출간한 출판사가 같은 장르의 책을 또 출간하는 것에 더 큰 관심을 가지게 되는 것이다.

온라인이든 오프라인이든 자신이 쓴 장르의 책을 출간한 출판사를 확인하는 것은 아주 손쉽게 할 수 있다. 쉽고 빠르게 해당 출판사의 리스트를 수집하고, 선별할 수 있을 것이다. 약간의 발품과 시간만 투자하면 누구나 할 수 있다.

2. 투고할 출판사의 이메일 리스트를 정리한다.

이메일로 원고를 투고하려면 이메일 주소가 있어야 한다. 이 작업 역시 간단히 할 수 있는데 첫 번째 작업인 출판사를 선별할 때 함께 할 수 있다. 오프라인 서점을 방문해 자신이 쓴 장르의 코너로 가서 출판사 리스트를 모으면서 해당 출판사가 출간한 책의 맨 앞 장이나 뒷장을 살펴보면 출판사 연락처와 함께 투고할 이메일 주소가 함께 적혀있다. 바로 그것을 수집하면 되는 것이다.

3. 정리한 이메일 리스트에 투고를 한다.

이제 취합한 출판사 리스트와 이메일 리스트를 가지고 원고를 투고하기만 하면 된다. 단, 메일을 보낼 때는 목차와 원고 전체를 잘 정리하여 첨부해 보내고, 메일을 보낼 때는 자신에 대한 간단한 소개와 회신 받을 연락처도 함께 남기는 것을 유의하자. 간혹 원고 전체를 보내도 괜찮으냐는 질문을 받기도 하는데 원고를 도용하거나 훔치는 일은 거의 일어나지 않음으로 염려하지 않아도 괜찮다.

이런 식으로 출판사에 원고를 투고하고 나면 빠르게는 하루 만에, 혹은 2~3주 정도 검토의 시간을 가진 뒤 출판사에서 연락이 오게 된다. 출판사에서 해당 원고를 가지고 계약을 하자고 연락이 오기 시작하면 이제 우리는 작가로서 갑의 입장이 되게 된다. 연락 오는 출판사에 계약 조건을 물어보고, 장단점을 따져보고 계약을 하면 된다. 지금 이 책에서 "이 출판사가 좋습니다."라고 단정 짓는 식의 말은 할 수는 없다. 하지만 출판사를 선별할 때 고려해야 될 부분과 본인이 판단할 수 있도록 여러 가지 팁(Tip)을 알려줄 수는 있다.

우선 출판사는 크게 대형 출판사와 중, 소형 출판사로 나눠서 생각할 수 있다. 대형 출판사라고 무조건 다 좋은 것만도 아니고, 중, 소형 출판사라고 해서 나쁜 것만도 아니다. 분명한 그 둘의 장단점이 있기 때문에 그런 부분을 고려하고 따져본 뒤 결정을 내리면 된다. 대형 출판사와 중, 소형 출판사의 성향은 크게 이렇게 나눌 수 있다.

· 대형 출판사의 장점

1. 출판사의 브랜드 파워가 높다.

2. 자금력이 있어 홍보가 대대적이다.

3. 인세 지급날짜를 잘 지킨다.

4. 상업적인 마케팅이 뛰어나다.

5. 온라인과 오프라인 모든 서점과 네트워킹이 되어있다.

· 대형 출판사의 단점

1. 출판시기가 대체로 늦다.

2. 저자에게 요구 사항이 많다.

3. 저자의 의견이 잘 반영되지 않는다.

4. 유명 저자들 위주로 출간한다.

5. 출간하는 책들이 많아 디테일한 부분을 세심하게 봐주지 못한다.

· **중소형 출판사의 장점**

1. 출판시기가 빠르다. 빠르면 한 달 안에 출간되기도 한다.

2. 저자의 의견을 적극 반영한다.

3. 책의 세밀한 부분까지 신경 쓴다.

4. 내 책의 홍보에 적극적으로 나선다.

5. 출판사와 좋은 관계를 유지하면 다음 책의 출간으로 이어지기도 한다.

· **중소형 출판사의 단점**

1. 인지도가 낮다.

2. 가끔씩 인세지급을 제대로 지키지 않는다.

3. 홍보에 적극적으로 나서지만 경비가 적게 드는 쪽으로만 하는 경우가 많다.

4. 오프라인 서점에 비치되는 공간이 협소하다.

5. 경비를 줄이기 위해 책의 재질과 디자인을 최소비용으로 제작하기도 한다.

이러한 장단점은 대형 출판사 모두가 이런 것만도 아니고, 중, 소형 출판사라고 해서 다 이런 것은 결코 아니다. 하지만 본 저자가 겪어본 바로는 이러한 경우가 많았다는 것이다. 방금 정리한 출판사의 장단점은 본인이 선택할 때 참고할 만한 사항일 뿐, 어디가 더 낫다는 것은 결코 아니다. 단지 자신이 계약을 할 때 브랜드 파워를 우선시 할지, 출간 시기를 우선으로 할지 등 자신만의 우선적인 기준에 따라 계약을 하면 된다. 힘들게 쓴 원고가 좋은 출판사를 만나 좋은 책으로 거듭나야 하기에 참고하여 좋은 출판사를 만나기를 바라는 마음에서 정리를 한 것임을 알아주길 바란다.

또, 하나 추가로 말하자면 요즘 1인 출판사가 많이 늘어난 추세인데, 1인 출판사의 경우에는 혼자 모든 일을 처리하기 때문에 검증되지 않은 곳도 많다. 원고를 판단하는 분별력도, 출판사의 재무상태 등 불안한 면이 많은 것이 사실이다. 책이 출간하고 나서 출판사가 없어져버리면 낭패이니 이런 것도 고려해서 1인 출판사를 선택해야 한다.

초보 작가일수록 힘겹게 쓴 원고를 투고 했는데 '계약하자는 연락이 오지 않으면 어쩌지?'라는 두려움 때문에 출판사에서 연락이 오면 앞뒤 생각안하고 무조건 "네, 네."라고 대답하면서 계약을 하곤 한다. 하지만 언제나 명심해야 할 것은 출판 계약의 '갑'은 저자 자신이며 '을'은 출판사이다. 이것은 '갑'질을 하라는 말이 결코 아니다. 자신이 쓴, 창조해낸 이 원고에 대한 자부심을 가지란 것이다.

써놓은 글은 어디 도망가거나 사라지지 않는다. 당장 계약이 되지 않는다고 해서 두려워할 필요는 없다. 언제나 갑의 마음으로 여유롭고 느긋하게 꼼꼼히 따져보고 출판사를 선별하면 된다. 원고는 나의 자존심이다. 출판사를 선택하는 건 언제나 저자 바로 당신 자신이다. 자신만의 우선순위를 정해 자신의 선택으로 출판사를 선별하여 계약하도록 하자.

맺음말

주님께서는 건강과 사람과 돈을 잃고 나서야 비로소 제가 작가의 길에 들어서게끔 해주셨습니다. 처음에는 몰랐습니다. 왜 내가 아파야 하는지, 왜 나에게 이러는지, 언제쯤에야 가난에서 극복할 수 있는지 묻고 또 물었습니다.

이제 비로소 말할 수 있습니다. 왜 이런 시간들을 지나왔어야 하는지, 무엇을 위해 주어진 시련이었는지 말할 수 있습니다. 죽을 만큼 힘들었던 그 시간들은 사실 지금의 제가 되기까지 단 하루도 필요하지 않은 시간은 없었단 것을 이제는 분명히 알고 말할 수 있습니다.

모두가 그렇습니다. 당신에게 주어진 모든 시간, 모든 환경은 당신에게 필요한, 당신을 위한 축복이자 선물입니다. 어디에나 주님이 함께 하고 계십니다. 언제나 당신을 보고 계십니다. 단 한 순간도 당신을 혼자 두고 계시지 않습니다. 우리 모두는 그렇습니다.

축복합니다. 제가 축복 받았듯, 당신도 축복 받았음을

감사합니다. 이 책을 통해 당신을 만나게 하심을

사랑합니다. 주님의 사랑으로 태어난 모든 생명을

함께 주님에 대해 이야기하고,
글을 쓰고, 책을 남기실 분은 네이버에서
'한주서가'를 검색하여 찾아오시기 바랍니다.

본문에 쓰인 성경구절은 〈개정개역판〉에서 인용하였습니다.

성경의 인물들 – 잔프랑코 라바시

(부모와 교사를 위한)성경독서 가이드 – 전신지

신앙, 성서, 교회를 위한 기독교 신학 – 허호익

성경해석학 – 윤성태

성경은 어떻게 책이 되었을까 – 윌리엄 슈니더윈드

위대한 그리스도교 사상가들 – 한스 큉

뒤집어보는 성서 인물 – 최형묵

기독교의 역사 – 폴 존슨